内训师
核心技能
手册

高岩——著

民主与建设出版社
·北京·

© 民主与建设出版社，2023

图书在版编目（CIP）数据

内训师核心技能手册 / 高岩著 . -- 北京：民主与建设出版社，2023.10

ISBN 978-7-5139-4326-0

Ⅰ . ①内… Ⅱ . ①高… Ⅲ . ①企业管理－职工培训 Ⅳ . ① F272.921

中国国家版本馆 CIP 数据核字（2023）第 158062 号

内训师核心技能手册
NEIXUNSHI HEXIN JINENG SHOUCE

著　　者	高　岩
责任编辑	刘　芳
封面设计	济南新艺书文化
出版发行	民主与建设出版社有限责任公司
电　　话	（010）59417747　59419778
社　　址	北京市海淀区西三环中路 10 号望海楼 E 座 7 层
邮　　编	100142
印　　刷	文畅阁印刷有限公司
版　　次	2023 年 10 月第 1 版
印　　次	2023 年 10 月第 1 次印刷
开　　本	787 毫米 ×1092 毫米　1/16
印　　张	16.5
字　　数	175 千字
书　　号	978-7-5139-4326-0
定　　价	78.00 元

注：如有印、装质量问题，请与出版社联系。

序言

针对组织内部讲师的培训，自 20 世纪 90 年代初，由外资企业带入国内开始算起，至今已经有了 30 多年的时间。

30 多年来，各类组织在增量逻辑的感召下，快速裂变、野蛮生长，规模和体量都达到了史无前例的增长。迫于外界形势要求，组织里的新成员短短几年就要成为骨干精英，日后更要成为独当一面、统领一方的中坚力量。培训，则为组织达成该目标发挥了不可替代的关键作用——组织内部讲师（即内训师）作为内容专家，开始大量地走上（线上、线下）讲台，宣导理念、训练技能、解决问题，让受训者的工作变得更高效、更有价值。

在大量培训的加持下，不仅组织获得了更为优秀的人才，内训师同样收获颇多。一方面，他们成就了自我，积累了丰富的经验、鲜活的案例、高效的方法，甚至成功申报了知识产权、完成了相关的专业著作，开辟出新的职业上升通道；另一方面，他们不断复制出"同类"，帮助组织构建内训师梯队，升级内训师的核心技能，为组织留下了珍贵的人力及智力资产。

　　内训师培训在引入中国的 30 多年时间里，被快速普及、不断深化，已完成了对国外的追赶，甚至在某些方面实现了超越。那后续是不是相当于无路可走了呢？

　　行路难、没路走，只因领先已太久；"卡脖子"、总会有，只为核心技术不在手。只有掌握了核心技术，才能掌控未来的命运。于是，这本小册子应运而生，用 5 个章节的内容，详细阐述了内训师行业的 20 多项核心技术。

　　如今，众多组织面临着太多的新的人才发展难题，招聘、裁员等手段并不能很好地调理人才队伍的新陈代谢。成人的学习特点和其对岗位成长的热切期待，无形中抬高了内训课堂的门槛。内训师需要具备相当高的素质，才能在教与学的技术博弈中，躲过课堂的噩梦和难忘的羞愧，更有信心地担负起组织培训的向导责任。

　　不可否认的是，"决定培训需求"是一项相当重要且费力的前端过程，这也是内训师见证和参与组织战略落地的最好时机和有益尝试。把时间、精力等全部浪费在无效培训上，肯定会令你感到沮丧。如果你能关注组织现状与预期，然后通过实施培训缩小与其他组织的差距，同时不与培训无法解决的问题较劲儿，时刻关注组织绩效改善情况的话，那么，你就有极大可能在众多的内训师中脱颖而出。很多时候，你不仅是培训内容的构建师，更是从供给端为组织战略发展提供智力"军火"的培训项目主导者。

　　美国心理学家阿尔伯特·梅拉宾（Albert Mehrabian）在 1971 年提出

的梅拉宾法则（The Rule of Mehrabian）中说：一个人对他人的印象，约有7%取决于谈话的内容，辅助表达的方法如手势、语气等则占了38%，肢体动作所占的比例则高达55%。对语调、停顿、重音、声调、手势、表情等辅助表达的手段的综合运用，被今天的短视频主播称作"网感"，即对网络内容的感知能力和敏感程度。上述内容代表了内训师的技术"颜值"，可以帮你俘获受训者足够多的注意力。

开课三分钟，得到的反馈是拍案称奇还是拂袖而去，完全取决于内训师的导入技术如何。在课堂制造"内啡肽"合成分泌的收结技术，有利于保持受训者的正向情绪，使他们乐于进行训后的尝试。这里需要强调的是：我们反对在培训中采用单一教学策略。单一会让人感到厌倦，也会削弱培训效果，多策略交替使用则要好得多。在组织内部的培训课堂上，内训师没有话语"霸权"，只有用好课堂问答，才能有效应对突发情况、保护自我安全。不要相信什么灵机一动、计上心来，加工素材从来都是靠千锤百炼得出的。现在这个时代，内训师需要努力提高PPT制作水平，增强视觉冲击效果，以符合人们崇美的本性。尽管课件只是培训内容的表现形式之一，但在实际应用中形式总是高于内容。

"庖丁解牛，功不在刀。"如果你还没有在讲台上站够，那就去接受更专业的训练，反复研磨课程，坚持碎片化的写作，用课时数量的积累换取足够的成长空间。时间久了，你就能聚沙成塔、集腋成裘，最终厚积薄发。

本书是写给内训师和想成为内训师的有志者的，意在帮助你通过更新核心技术"重装系统"，再次上路。内训师未来的路注定崎岖，拥挤难行，现在的核心技术不久就会被更新的技术所取代，"重装系统"也将成为常态。

  这本书的成书过程也是如此。从 2021 年 7 月开始为本书罗列大纲，到 2022 年 3 月正式将书稿交给北京时代光华图书有限公司，由民主与建设出版社正式出版成书，历时两年有余，过程坎坷，状况频出，好在否极泰来。这里要特别感谢马兴欢女士的真诚付出，她在前期的反馈及后期的奔波，让本书终得圆满。也要感谢对本书出版给予大力支持的各位朋友、师长和家人，你们的陪伴让我并不孤单。此时此刻，我的耳边响起了桑予、爽予的诵读声："长风破浪会有时，直挂云帆济沧海。"

  是为序。

高岩

于深圳

目录

第一章
踏上内训师之路

培训对组织如此重要 / 003

  培训＝成功 / 004

  培训帮助员工应对挑战 / 004

  培训需要向导 / 006

内训师必须拥有的职业特质 / 007

  莅临讲台的兴奋感 / 007

  优于常人的表达力 / 008

  强大的学习能力 / 009

  勇于挑战、超越自我 / 009

熟悉成年人的学习特点，是内训师走上讲台的起点 / 011

  处于信息茧房 / 012

  随性"速食" / 013

  自主"驾驶" / 014

第二章
抓取培训需求的要领

培训需求去哪儿找 / 017

常用的培训需求调查方法 / 023
  单向交流的问卷调查法 / 023
  投入较多人力的访谈法 / 025
  可能会影响被试者的观察法 / 026
  最接近真实的数据采集法 / 027
  最节约成本的资料调阅法 / 028
  需要专业知识的专项测评法 / 028
  关注调查对象的直接上级 / 030

培训需求分析的关键是确定培训目标 / 031

如何面对不充足的培训预算 / 035
  预算：预先算成本 / 038
  捉襟见肘的预算 / 040

通过对被培训者的评估获取培训需求 / 042
  现场反应是最直接、最容易、最快捷的评估手段 / 042
  学习过程中尽量加入更多的评估手段 / 043
  培训后岗位评估的重点是关注行为改善情况 / 045
  评估培训效果的方法 / 046

| 目 录 |

第三章
课堂设计——内训师的生存标配

课堂教学法设计 / 055

    使用最早、应用最广泛的讲授法 / 055

    多元思想涌流的课堂讨论法 / 059

    既能示范又能示错的演示法 / 066

    鼓励换位思考的角色扮演法 / 070

    生动有趣的游戏法 / 076

    提升学员分析能力的案例教学法 / 081

    步步为营的实操教学法 / 088

课堂问答设计 / 093

    通过提问，活跃学员的思维 / 093

    应、答本是两回事 / 100

    遭遇质疑、挑衅和尴尬的现场问答应对策略 / 105

课堂设计中的素材整理与加工 / 114

    去哪儿收集素材？这是我见过的最好答案 / 114

    素材整理，整理出结论 / 119

    素材加工，投入方能出精彩 / 122

    相同的素材，不同的构思 / 126

课程结构设计 / 131

    课程结构设计步骤 / 131

    空间结构构思图如何解决问题 / 139

    破解先后顺序的时间结构构思图 / 146

矩阵结构助你探索新知 / 153

课程推介单的设计 / 159

PPT 制作与设计要点 / 165

PPT 文稿容易被忽略的地方 / 165

如何提高你的 PPT 颜值 / 170

第四章
培训的过程可以很精彩

声情并茂的培训课堂 / 177

驾驭语调，展现表达实力 / 177

停顿训练，让表达歇歇脚 / 180

重音训练，语重情长 / 183

语速不能超过脑速 / 184

通过声音高低，释放你的情感 / 186

培训课堂，大显身"手" / 188

让你的表情会说话 / 194

精彩的培训导入 / 198

通过导入吸引学员的注意力 / 198

演示导入 / 201

悬念导入 / 204

事例导入 / 206

数据导入 / 209

响亮的课程收结 / 213
    课程收结在于记忆而后行动 / 213
    课程收结的三种常见形式 / 216
    响亮的收结是这样练成的 / 223

第五章

内训师的进阶技巧

接受专业的训练 / 229

开发品牌课程，作为"防身"之用 / 232

跨过课堂成长的"坎" / 235

坚持写作 / 240
    让碎片化培训实践变为系统化经验 / 241
    让"研磨"式写作功力转化为研发能力 / 241
    让"个性"的培训风格延展为教学成果 / 242
    动笔写作，具体写什么 / 244

参考书目及文献资料 / 249

第一章

踏上内训师之路

培训对组织如此重要

在快速变迁的时代里，很多人来不及更新自己的知识体系，以致成为"功能性文盲"[1]或"科技盲"。

在组织中，这种现象更加明显，员工如果不马上改变自己，时间长了就会影响整个组织的运营和发展。所以，无论员工入职时间如何，即使是待了五年以上的老员工，也必须持续更新自己的职业技能，确保自己不与日新月异的社会脱节。这是所有组织中从顶层到底层的每个人都要面临的挑战。而培训，就是组织及组织中的人应对这种挑战的最优解决方法。

---

[1] 功能性文盲是指不能识别现代信息符号，不能利用计算机进行信息交流和管理，无法使用现代化生活设施，很难适应时代社会文化需求的人。

培训 = 成功

组织想要快速发展，有效改善绩效，就必须全面执行培训这一职能，以培训来应对职场的"代际颠覆"[1]的挑战，促进组织内部文化价值观一体化，让员工的能力快速提升。

在对一些成功的组织进行大量研究后，我发现：培训在这些组织成为行业领头羊的过程中，发挥着关键作用。通过培训，员工的专业技能得到开发和提高，工作效率变得更高，知识储备也变得更丰富。这样既可以最大限度地发挥员工的潜能，又能帮助组织变得更有价值。

"为员工赋能，让组织变得更有价值。" 在如今的市场中，成功的组织不断用行动反复验证着这个结论。组织和员工的关系也悄然发生着变化，更多的组织把员工当作共同成长的伙伴，通过培训帮员工挖潜提效，一起进步。

在我看来，组织培训的重点应该是使用方法的选择和最后呈现的效果。组织选择的培训既可以是正式和长期的，也可以是灵活和短期的，关键是员工能从这个过程中把知识转化成能力，把能力转化成行动，最终用行动改变绩效，让组织的竞争力更强，并能持续获得成功。

培训帮助员工应对挑战

目前的职场形势变得越来越复杂，员工对数字网络技术的掌握情况

---

[1] 代际颠覆，即由年轻的一代将科技、文化中的前沿信息传递给较他们年长的一代。

也千差万别。无论是老员工还是新员工，都必须学习并掌握新知识和新技术，才有可能处理好各种新出现的问题。老员工在学习方式和学习动机上，都与新员工存在巨大的差异。因此，保障新老员工之间"知识反哺""技术反哺"，保持员工代际间更好的交流势在必行。

当然，仅靠员工自觉学习和交流互动还不够，组织必须主动给员工提供适合他们的培训课程，通过这些培训课程帮助员工有效应对挑战。根据目前的实际情况，培训学习越来越趋于以数字化的方式，通过互联网把学习者连接起来。因此，组织中有相当一部分老员工，除了要学习本身的知识外，还要应付线上学习所带来的各种不习惯和不适应。

最近几年，因为要面对经济转型、疫情冲击等带来的影响，很多组织选择通过裁员的方式自保，导致大量的工作只能由剩下的少数员工完成。组织恨不得这些留下的员工一个人当十个人用。这使得没被裁掉的员工压力倍增，他们的工作量在加大、工作范围在扩大、工作多样性在增加，而应对新任务的知识和技能却没有丝毫变化。如果不及时对他们进行培训，任由这样的状况持续下去，他们应对挑战的能力就会越来越弱。

此外，政府职能的转变、新出台的法律法规也在客观上要求各个组织对其工作规划和员工发展的安排做出相应的调整。特别是一些法律法规会针对特定行业进行详细规定，如必须在某一阶段内实施某一类培训等。

即使没有上面这些特殊因素的影响，每个组织也都存在着新老交替的问题，有人进入，有人离开。这就意味着新入职的员工必须接受培训，才能顺利地接收离职员工留下的工作，缩短适应期，达到提高工作效率的目的，使组织可以保持住强大的再生力。

培训需要向导

组织发展的目标应该与培训的目的一致，即通过人才的杠杆找到提升的支点，最终完成绩效的改善。在实施培训的过程中，组织往往需要一个向导作为引领者，带领其他员工进行改善和提升。

内训师就是这样的引领者。组织想要员工的成长路径变短，除了员工本身要有智商高、基础好、能力强等特点外，还必须得到向导的专业指点。在内训师的帮助下，员工的进步速度会更快，能力也会变得更强，组织整体的发展水平自然会越来越高。

内训师的价值就在于此，激发员工的学习动力，向他们传授知识，并提升他们的能力。组织也因为有了一批高价值的向导，培训工作能比较顺利地步入正轨。

内训师必须拥有的职业特质

在大部分的职业和岗位中，取得成功的人都拥有相似的特质。这些特质一方面来自他们自身经验的积累，另一方面源于他们擅长与有相同工作经历的人进行接触和学习。如果你拥有以下特质，那么欢迎你加入内训师的队伍，成为组织内部培训的专业人才。

莅临讲台的兴奋感

讲台，能让你感到兴奋和愉悦。也就是孔子讲的："知之者不如好之者，好之者不如乐之者。"只有内心真正喜欢培训这份工作，你才会对培训产生强烈的兴趣和特别的偏好，以好做人师为荣，以善做人师为乐，以能做人师为兴。

在众多学员的注视下，你开始变得兴奋，心甘情愿地向他们分享自己所感、展示个人所悟，享受改变他人的成就感。在课程研发时，因为喜欢，所以你愿意奉献自己的聪明才智，陶醉于创新攻坚的幸福感。

所以，你要认真思考一下，自己对于培训这件事是不是乐在其中。如果你只把培训当成组织安排的一次任务，那么你千万不要在内训师这个岗位久留，以免浪费自己的职业生命。

优于常人的表达力

你具有异于常人的"作秀细胞"，拥有过人的表现欲望。

在组织内部开会时，你经常能够扮演故事讲述者、思想分享者的角色，使你格外引人瞩目。在你的脱口秀中，你常以目光、表情、体态和手势等非有声语言手段，来配合有声语言的表达，在个别话语上还会运用夸张的肢体动作和表情，呈现出"戏精"的效果。

你的表达并非一定要口若悬河、舌灿莲花，你也可以通过快人快语、略带诙谐的方式，把自己的思想、观点、知识、技巧有效传播、传授给他人。你在乎的是自己表达出来的信息可以准确地送达到他人那里，并且让对方理解你的意愿而不是产生误解。

如果能帮助学员进行自我剖析、自我意识觉醒，那么你可以不惜自我暴露，主动现身说法。你能用搭载着充沛情感和理智的表达，去感染他人、影响他人，为他人架设起从无知到有知的桥梁。

强大的学习能力

你有极强的学习能力。很多时候,在某一领域里你并不比学员们懂得多,但你能比他们学得更快、更深,理解得比他们更透彻。在学习上,你可以不是一个长跑健将,但必须是一个短跑明星,拥有强大的爆发力和前进加速度。

你有自觉的思考和感悟学习的能力。当其他员工在工作中讨论某个问题时,你能够马上超越该问题本身,想到该问题对其他部门甚至对整个组织可能造成的影响。这样自觉的思考和感悟已然成为一种本能,能够让你从组织的全局角度看待问题。

你热爱这个行业,愿意与资深的内训师交流,拓宽专业视野,避免闭门造车。你能和学员一起学习进步,在这种教学相长的互动中获得新知,得到新的启发。

"兼职"是内训师的标签,"忙碌"是内训师的主题。但你不会把"兼职"当作应付的理由,更不会把"忙碌"作为放弃学习的借口。因为你知道,在原岗位之外的忙碌也是一种带有加速度的学习,它会贯穿于你的职业生命始终。没有强大的学习能力,就没有爆发力,就不适合做内训师,最终只能成为被培训者。

勇于挑战、超越自我

内训师要具备随时应对学员的各种问题的勇气,要成为挑战自我、挑战学员的勇者。勇者不是不能胆怯，而是胆怯以后依然能采取正向的行动。教与学本身就是一个博弈的过程，为了帮助学员们，你要用意志、知识、技能的势能驱动他们；面对培训课堂上的突发情况，你要有胆、有方、有序、有效地应对。

超越自我，还体现在高度的自我控制方面。内训师在组织中基本是以"父亲"的形象出现的，以严为主。因为培训学习是一件必须下苦功夫才能取得成果的事情，所以一定要有外力的约束。想成为能够有效约束管理学员的严师，就要先自我约束、严于律己，再严格要求别人、管好别人。在教与学发生冲突时，你要做到坦然面对；在受到学员赞誉时，你可以欣然接受，但不因此自傲；在遭遇挫折时，你要坚定信心，坚持自我；在发生错误时，你应该主动承认，不贰过。这样就会树立起你的职业威望。

当然，作为一名内训师，你更要在创造突破上超越自我。你要懂得用新的思路来串联旧的理念，给老的套路注入新的知识，为老的方法加上新的技能，这样才能让学员学得更多、领悟得更多。如果你的学员花费很多时间和精力来听你的培训课，你却讲些连小朋友都知道的内容，这无异于"谋财害命"。

熟悉成年人的学习特点，是内训师走上讲台的起点

当下，科学技术飞速发展，成年人通过正规教育获得的专业知识已远远不能满足岗位对其的需求。于是，终身学习成为人们自我提升的不二之选，一次次的组织培训见证着人们在工作岗位上的学习和成长。

这让同样是成年人的内训师徘徊在获得职业成就与发生冲突煎熬之间。由于在组织培训课堂上，内训师并不掌握话语的"霸权"，而成年学员往往基于自身经验的积累和学习方式的固化变得十分自信，所以培训课堂上时常会上演教与学针锋相对的"智力博弈"，双方辩论激烈时甚至会闹得不欢而散。

那么，成年学员究竟有什么样的学习特点或学习方式，让内训师如芒在背呢？

处于信息茧房

成年学员在学习知识时，通常会以其自身经验为背景，所有的新知识、新技能都要经过其经验的"审视"。经验蕴含着他们的认知，折射着他们的体验。

但是，美国人类学家玛格丽特·米德（Margaret Mead）告诫人们："经验对成人并非总是有益的。"成年学员的经验，很多时候会成为他们思想的枷锁、学习的负担。在进行培训时，经验让他们故步自封、裹足不前。当他们发现自己的经验不能被有效应用，或者经验价值被轻视的时候，不仅不会立马丢弃这些经验，而且会感到很丢脸，甚至在后续的培训学习中产生逆反行为。

高明的内训师会在培训内容与成年学员的经验之间建立关联，这样有利于成年学员敏感地注意、理解和吸收培训内容。奥拉西奥·桑切斯（Horacio Sanchez）在其著作《教育变革：利用脑科学改善教学与校园文化》中也谈道："当引入新的有难度的知识时，为了让学生保持放松的状态，一个实用的小技巧就是将新知识与学生过往的经历联系起来。这个技巧也是建立持久记忆所必需的。"

所以，将新信息与成年学员已有的认知结构、先验知识等建立联系，可以让内训师获得极强的亲和力和渗透力，最容易打动学员们，刺激他们建立长久记忆。

根据这个特点，内训师要对培训内容进行经验化、生活化的改造，用贴近成年学员工作、生活的感性材料，替换远离成年学员经验的教材内容，让他们以愉悦的心情，自愿走出信息茧房，开启全新的学习之旅。

随性"速食"

成年学员大多注重的是知识的现实性和实用性，偏好学习上的"速食"主义，更有甚者，怀着"干什么学什么、缺什么补什么"的理念，对那些学以致用、学后即用的内容有着急功近利的执念。

但组织内部的培训不能"干什么学什么"，因为这样依旧走不出员工自己的岗位范围，继而影响组织内部正常的发展和流动。"缺什么补什么"的本质，无外乎是把"自己的需要"等同于"组织的需求"，这种想法肯定是错误的。

组织内部的培训需要的是"医院"，而不是"超市"。医院里需要专业对口的医生给患者开处方，因为患者很难马上把自己的需求说明白。打个比方，一个患者觉得自己胃痛，请求医生给他开治胃痛的药，如果医生没有做任何检查，也没询问原因，就照办了，那么就是不负责任。因为导致这个患者胃痛的原因很多，医生需要经过一系列的检查和问询，才能知道他的问题在哪儿，然后对症下药。

同样，如果员工要什么内训师就给什么，那也是不正确的做法。员工更多是从自己的角度考虑问题，想要的也许只是组织的一个潜在需求，这样组织真正的需求就会被忽略掉。作为内训师，你首先要清楚组织最需要的培训是什么，之后要知道产生问题的原因在哪里，最后要了解开出这个"处方"后，可能给组织带来什么样的改变，以及有什么样的副作用。

自主"驾驶"

成年学员大多会进行自我导向式的学习,这意味着他们可以牢牢掌控自己学习的"方向盘"。哪怕没有他人帮助,他们都会主动对自己的学习需要进行判断,并形成学习目标。成年学员能够准确识别出学习过程中需要的人脉或智力资源,当他们认为内训师的培训内容满足不了或偏离了他们的学习目标时,内训师就很有可能被他们"赶下车"。

由于成年学员在学习时会不自觉地认为自我选择、自主"驾驶"更符合他们对自己的预期,所以他们有极大可能会花费更多的时间、走更多的弯路来实施自己的学习策略,而不是跟着内训师的步调走。内训师如果遇到这种情况,应该怎么处理呢?

很简单,在培训前做好充足的准备工作。其实,组织培训中教与学的关系很简单:**以内训师为主导,以学员为主体**。如果内训师的专业知识储备充分,可以用更宽阔的视角去看待学员遇到的学习问题,那么内训师就会成为学员的发动机、方向盘,可以为其提供多种观点,引导他们向正确的方向发展,改变他们原来的自主"驾驶"模式。

成年学员成长的需求、组织绩效的改善,是每一名内训师的职业责任。内训师能够把成年学员的学习特点摸透,把它当成讲台的成长起点,才能更好地为组织、为员工服务,才能更好地成就自己。

第二章

抓取培训需求的要领

培训需求去哪儿找

一般来说，培训需求主要来源于两个方面：一方面是员工的主观需求，另一方面是组织的客观需要。大多数组织都会根据自己的客观需要安排培训课程，而完全忽略员工主观的培训需求。对于组织来说，培训要解决的主要问题，就是组织预期的工作绩效与员工的实际表现之间的差距如何弥补。所以大多数的培训需求是被动产生的，完全由组织的任务标准、绩效指标规定，没有考虑到员工的主观需求，因此，员工不愿意参加组织的某些培训，其实是完全可以理解的。

此外，组织处于不同的发展阶段，培训需求的导向也会有一定的差异，具体可以分成三个阶段：创业期以文化导向为主，注重卓越的组织文化的形成与宣传，主要目的是解决组织现存的问题；成长期以问题导向为主，关心组织战略绩效的改善，强调的是预防问题；成熟期以创新导向为主，注重组织在创新领域的拓展，前瞻性需求比较密集。

由此可以看出，组织的培训需求并不是那么轻松就能找出来的，而是需要内训师根据组织发展情况，结合员工意见综合得出。下面，我以麦格希（W. McGehee）和赛耶（P.W.Thayer）的培训需求观点为基础，具体分析一下内训师应该如何做，才能准确找到组织的培训需求。

麦格希和赛耶认为，可以将培训需求归纳为三种：组织需求、任务需求和个人需求。在日常实践中，组织需求、任务需求与个人需求并不完全重合。组织往往会优先满足组织需求和任务需求，个人需求要服从于前两者（见图2-1，培训需求优先级为：A>B>C）。因为组织承担培训的大部分成本，所以理应优先享用培训的成果。而占用组织的培训资源来满足个人培训需求的行为，则被认为是完全的浪费行为。

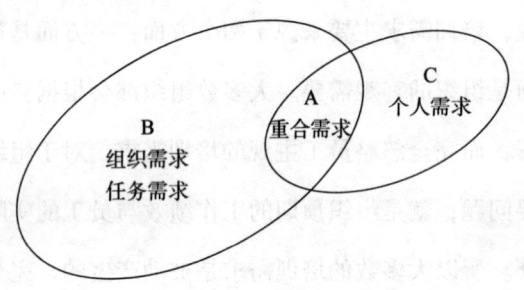

图2-1 培训需求的优先级

在组织内部发生新问题，或者需要改变现状和规则时，自然就会产生组织需求和任务需求。作为内训师，在拿到一幅宽泛的"地图"（培训需求）后，要先按图索骥地找到"新字街""改字路"，之后就能顺利找出组织的培训需求了。

"新字街"——新职员工、新法规、新业务（市场）、新技术（系统）。

新职员工。组织的新职员工，无论是通过校招、社招产生的增量员工，还是通过职务提拔、内部转岗产生的存量员工，都会产生培训需求。这些新职员工要么需要掌握新岗位的特定技能，要么需要提高管理员工的能力。对于招聘来的新职员工，即便他们已经具备了组织需要的技能，也需要通过岗前培训了解并熟悉新的业务环境。有相当一部分组织的岗前培训设计得过于简单，仅仅停留在介绍餐厅、卫生间和休息室位置的认路阶段。其实，岗前培训除了让员工了解组织的文化规则（包括公司的使命、愿景、价值观，以及与新职员工相关的各项制度）外，其内容还应包括业绩预期目标、业务操作惯例、和上下级或平级之间的人际关系等。尤其对于大量初入职场的年轻人而言，他们更需要精准的工作"地图"帮助他们迅速融入职场。对于组织内部提拔、转岗的新职员工，对他们进行新岗位的相关培训，可以有效减轻组织的"贫血症"，使培训成为他们成长的驿站。此外，一些容易造成人才短缺的技术核心岗位在替换关键员工时，这些新职员工更是组织必须关注的培训重点人群。

新法规。只要有关部门颁布了涉及组织的新法规，组织就要尽快安排对员工进行知法、懂法、守法的培训。常见的做法是邀请相关领域的专家，向员工解释在新法规颁布后如何避免出现问题。如果这方面的培训缺失，就会让组织存在更大的违法风险，花费更多的潜在成本。在新法规中，除了与劳动法规相关的内容需要重点培训外，其他涉及人力资源数量、民事权利、安全问题和可能影响工作场所的法规，也是热点领域。

新业务（市场）。在如今激烈竞争的大环境中，面对新业务和新市场，每个人都需要付出更多才能收获成功，这已是不争的事实。准入的方案、进入的策略，很多时候就是对自我的重新定义、定位：把产品或服务从机械制造转变成信息咨询服务，从保鲜发货转变成现代冷链物流，"双减"下的教育服务开始转向成人教育这个新领域并同步开拓境外、域外的市场空间，等等。进行新业务和新市场的相关培训，主要目的是让市场部的员工了解新市场或新产品，准备好在新环境中进行营销活动；或者是培训生产和服务部门的员工，以提供并维持好的产品或服务。

新技术（系统）。当组织开始在内部使用新技术时，需要给员工提供可有效使用该技术的培训。最简单的是在给员工安装新技术软件时附带培训视频光盘包，或在软件程序里统一内置相关的培训内容，或由供应商提供统一的培训课程。同理，组织在实施或推广新的工作系统时，无论是转向团队和客户导向型组织（大变革），还是仅仅改变采购方式，都需要确保被变革影响的员工能正确使用新系统和新程序，并且是在旧系统和旧程序停止使用之前就学会使用新系统和新程序。如果组织能够重视对员工这方面的培训，那么组织所付出的前端培训成本会远远低于因为缺乏技能所导致的产量损失或低效成本。

"改字路"——组织改组、安全改善、绩效改进、质量改动、问题改变。

组织改组。大规模的组织改组需要通过培训来完成，理由与上文提及的新技术（系统）需要培训的理由很相似。当组织改变商业经营方式时，员工必须马上做好用新的方式开展工作的准备，比如实验质量管理体系、升级客户服务、构建新团队等。在企业需要并购时，这种涉及组织变革、改组类的培训需求尤为突出。

安全改善。密切关注组织中涉及安全的重要性、决定性的领域，把问题扼杀在摇篮里，做预防式的安全培训，而不是事故发生后的补救式培训。另外还有一种类型的培训——定期安全检查会议，也可以帮助员工警惕潜在的安全问题。当然，组织也可以通过观察安全数字，判断是否在可接受的范围内、是否有必要开展安全培训。比如，公交集团司机的交通事故率近期有所上升，那么培训管理部门应该就此需求，安排相应的培训课程。安全和培训所拥有的这种紧密关联的特点，决定了这是一个需要持续观察是否有培训需求的领域。

绩效改进。绩效改进能够使组织富有竞争力，并且赢得最后的成功。同时，大多数员工必须通过绩效改进来保住自己的饭碗、体现自己的价值。从某种角度看，绩效总是有需要改进的地方，只是要确定通过培训能改进到何种程度，即培训投资是否能够产出足够的投资回报率。组织如果想知道绩效是否能够通过培训改进，可以使用定性和定量的指标对员工进行考核：利用季度/月度产出数据、周销售报表等来衡量员工的业绩，而不要单单依靠管理人员的经验常识来判断员工的绩效是否达标。

质量改动。组织进行质量改动方面的培训，主要有以下几个原因：第一，组织想完成超越、追赶竞争对手的战略目标，想给客户提供更高层次的服务，会主动把产品和服务的质量标准升级；第二，客户退回了太多的产品，说明产品存在问题，需要改善；第三，组织在国际市场上与别的组织联姻，面向全球市场后，产品需要符合国际质量安全标准。这些情况都需要通过培训带动员工对质量标准产生新的认知。

问题改变。组织裁员造成组织的结构日益扁平化，需要不断往下授权来解决问题。也就是自上而下，把权力从组织的决策层下放到组织的最低层级。培训是让有准备的员工（团队）学习解决新问题和应对新挑战的最好途径。解决问题的第一手经验很重要，如果能把这些经验变成培训素材就更好了。可以说"问题解决培训"，即培训人们如何使用经实践验证过的解决问题的工具，是一项经常使用并获得成功的应用类培训课程。

常用的培训需求调查方法

工欲善其事，必先利其器。对培训需求的调查，自然也离不开科学的调查方法。培训需求调查方法主要有问卷调查法、访谈法、观察法、数据采集法、资料调阅法、专项测评法等。

单向交流的问卷调查法

以问卷形式调查培训需求的方法，称为问卷调查法。这是我们在组织内部培训实践中运用最多的调查方法。

问卷调查法的优点是能够在短时间内，通过便利的方法，低成本地获得大量、分散的群体数据。它的缺点是问题设置较为局限，是提问者对回答者单向的交流，不允许自由表达，可能会遗漏关键的数据点。而且问卷回收率通常较低，并且向员工发放前需要做清晰度测试。

有效的调查问卷的撰写步骤是如图2-2所示：

罗列 → 转化 → 设计 → 编辑 → 核查 → 试点 → 修订 → 实施

图2-2　有效的调查问卷的撰写步骤

罗列。列出事项清单，写上想调查的内容。

转化。把清单上的事项转化成问题。

设计。问答形式设计得越简单越好：在选项后打对钩或叉号；在一定范围内从几个选项中选出一个（如从强烈同意到强烈不同意）。另外，还可以设计一些对选项进行排序或者开放式的问题，便于让回答者自己做出评价。

编辑。站在回答者的角度，深入思考潜在的影响答案的多样化因素。无论是语言、年龄还是受教育程度等，都要考虑到。而且要尽可能地用回答者熟悉的术语编辑问卷语言，形成终稿。

核查。请第三方（如该领域的研究型专家、意向调查人员等）复核问卷，并给出反馈意见。

试点。在小范围内进行试点问卷调查，并且评估其效果（除非之后会有大量修订，否则小样本的调查量是远远不够的，只能作为试点，不能算正式的调查）。只有从被调查小组中大范围地选择调查对象，才能保证调查的有效性。调查样本量小，可能会以偏概全，导致信度、效度不高。

修订。根据小范围内试点的结果，进行调整，修订问卷。

实施。对既定群体进行前期说明，发放填写，事后回收（条件允许的话，可以使用微信小程序实施）。

投入较多人力的访谈法

访谈法可以针对不同对象，比较轻松地确定问题方向。组织可以灵活选择正式的或非正式的形式进行访谈：正式的访谈可以使用标准模板，同一个问题会问到所有被访者；非正式的访谈可以是完全开放式的，根据访谈对象和场景的不同，自行决定提问内容，以便获取重要信息。当然，为了保证数据的一致性，哪怕是非正式访谈，也需要保留部分结构化的问题。

访谈法需要投入较多的人力，不仅限于访谈过程中，访谈后对材料的整理也是如此；而且对访谈内容的分析难度较大，很多时候会受到访谈对象（自我培训动机、专业发展意愿、批判性反思意识、习惯与能力等）主观性的影响，只能了解到其目前能够意识到的一些浅层次的需求，那些更深层次的需求往往很难被他们自己意识到，更难用语言表达出来。

将访谈作为一种需求调查信息搜集的方法时，需要按照下面的步骤来执行（见图2-3）：

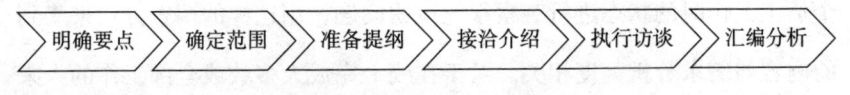

明确要点 ▷ 确定范围 ▷ 准备提纲 ▷ 接洽介绍 ▷ 执行访谈 ▷ 汇编分析

图2-3 访谈法的具体步骤

明确要点。确认想要获得什么信息，期待发掘额外信息的潜在收获。

确定范围。明确访谈对象和人数。

准备提纲。有助于数据的一致性，如果能准备访谈问卷更好。

接洽介绍。访谈不是教训式的面谈，要让被访者感到自在，降低其对访谈的防备心理；要确定被访者能理解访谈目标，如果被访者对访谈目标、流程比较陌生，那么可能还需要事前对他们进行必要的解释或培训。

执行访谈。选择一个不会被打扰的地方开始访谈；在时间充裕的情况下，提前演练再进行访谈，得到的效果会更好；使用带有"什么""怎样""为什么"等的词语来激发被访者思考，避免被访者用简单的词回答问题；访谈过程中不轻易打断被访者，且不与之发生语言冲突；记录的内容应简洁但包含足够的细节，以便日后查阅。

汇编分析。去伪存真，保证收集的关键信息没有"跑题"。对访谈后的材料进行收集、整理、分析，并将访谈结果反馈给被访者和其直接管理者。

可能会影响被试者的观察法

观察法是指对调查对象在工作过程中的情况进行详细观察（包括拍摄和取样）的方法。这是了解调查对象的绩效表现的最好方法。对一个员工工作时的状态进行观察很能说明问题，用这样的调查方法采集到的内容与需求分析高度相关。对于在线上完成大多数或全部工作的人来说，观察法可以通过拍摄等手段，提取出其在线上工作时比较有用的绩效信息。

观察既可以是开放的，让员工知道；也可以是秘密的，不让员工知道。比如，组织内部先对电话营销流程做一些如接打电话方式等方面的规定，之后组织可以派人亲自到这个部门，看看有多少员工按照组织指定的方式来接打电话；或者组织也可以派人扮作陌生客户，打电话到这个部门，看看会遇到怎样的对待。

完整的观察法包含一定的"数据记录"，重点回答的问题是："观察（记录）了什么"。其中，对时间和动作的研究会成为占比较多的内容。

观察法的缺陷有以下四点：

第一点是失真。被观察的对象如果意识到了有人在关注他们的一举一动，那么他们很有可能会更加注意自己的表现，并变得与平时不同：有的人可能会手忙脚乱，有的人可能开始表演作秀。这种密切关注可能会导致员工产生比平时更好或更坏的绩效，无论好坏，都严重影响到了真实的结果。所以，在使用观察法时，最好是在员工不知情的情况下观察，且观察多次，以求得到可信的行为样本。

第二点是浅表。观察法只能观察到被试者的行为，但无法看到其行为（数据）背后的原因。

第三点是费时。观察法一定要在时间充裕的情况下才行得通，最好是从头到尾观察全过程，不能半路开始，否则记录数据时会比较困难。遇到疑问时，组织需要扩大观察数据样本的范围，或者增加观察的时间。

第四点是难胜任。谁能胜任观察者的角色呢？组织根据观察的内容选择出的该领域的技术专家或者职能专家，才有可能胜任观察者的角色。

最接近真实的数据采集法

随着网络、科技等的发展，手机、笔记本电脑等移动终端成为每个人工作时不可缺少的工具，同时，也带来了数据量爆炸式的增长。越来越多功能更强大的智能终端产生了体量庞大的数据，功能强大的分析软件则提供了易于处理大数据的技术方法，如计算机工作站能够记录员工坐在计算机前所做的一切工作。如此多的流程都实现了自动化——生产、通信、文案处理，等等，使数据分析成为潜在的有价值的信息源。这种方法不但可以获得第一手资料，而且能使调查信息的真实性得到保证。

最节约成本的资料调阅法

资料调阅法是培训需求收集中最节约人力和成本的方法，而且获得的信息质量较高。现有的包括文字和截屏图片在内的资料——生产线记录日程表（调度表）、工作日志、采购订单、进度报告、统计分析、生产作业全程记录表、伤亡报告、电子邮件、录音电话记录，等等，为培训需求调查提供分析的依据。

这种方法的缺点是不能具体问题具体分析，需要先做分类，比较费时。而且，数据中有些信息因为时间过长，会欠缺时效性；有些信息缺乏动态的变量数据，分析者需要具有对专业内容的分析技能。

需要专业知识的专项测评法

专项测评法可以看作一种高度专业化的调查问卷。调查问卷是为了获取直接的数据，而专项测评是其中最为复杂的一种，主要用来确定某一团队对于培训项目的准备情况，或者该团队对将要发生的组织变革的抵抗程度，也可以用来评估个人的领导力风格、学习风格和性格。想要选择出合适的测评工具，并且有效实施这一专项测评，需要测评人拥有大量的专业知识。

所以，在选择和执行有关专业测评的调查工具时，一定要考虑测评人的专业性问题。知识测试也可以用来收集数据，需要注意的是，被试者的态度不能被混入回答中。知识测试的缺点是，无法测量工作中可能用到或用不到的实际技能，以及员工可能拥有知识但无法应用的情况，等等。

我把介绍到的这几种培训需求调查方法做了总结，具体如表2-1所示。

表2-1 对几种培训需求调查方法的总结

调查方法	方法说明	优点	缺点
问卷调查法	以问卷形式调查目标群体的培训需求	成本低，取样多	难以调查对象的个性化需求，问题设置有局限性
访谈法	针对不同对象，灵活选择访谈形式和内容	选择性强，有利于真实情况的反馈	主观性较强，材料整理和分析的难度较大
观察法	观察调查对象在岗位上的具体情况	采集内容与需求分析相关性较高	观察对象的行为容易受到影响，可能会降低信息的真实性
数据采集法	对员工经常使用的设备、程序等产生的数据进行分析	第一手资料，真实性高	会受到采集设备、工具的限制
资料调阅法	调用组织内部已有的档案资料数据	成本低，信息质量较高	时效性较弱，对现存问题的分析支持性不足
专项测评法	用高度专业化的问卷对员工进行测评	信息真实且深入	适用范围较窄，对测评人的专业背景要求较高

关注调查对象的直接上级

很多时候受制于时间等客观因素的影响，组织在调查培训需求时得到的有用信息不会太多。因此，对信息进行筛选或舍弃，往往比搜集更多的信息更重要。组织不要执着于全面搜集信息，而是可以开辟另外的信息源，用另一个信息源来验证第一个信息源，它会给你带来全新的、有用的信息。比如，组织可以通过目标群体的直接上级（line manager）来了解调查对象的培训需求。

如前文所述，培训是需要投入大量资源的，在组织资源投入有限的情况下，总是优先满足组织的培训需求。所以组织可以改变思路，与其在目标群体身上下功夫，还不如向目标群体的直接上级收集信息更有效率。很多时候，组织的培训需求不是目标群体的需求，目标群体的直接上级的意图更能代表组织的需求，也能更好地验证组织前期搜集的信息。因为信息源链条短，所以从目标群体的直接上级那里得出的结果更靠近信息源。除此之外，目标群体的直接上级在调查中更能贴近现场、贴近基层。客户不满意产品，目标群体的直接上级可以和他们当面进行沟通；产品质量有问题，目标群体的直接上级可以直接和一线制造产品的员工交流。

培训需求分析的关键是确定培训目标

培训需求分析（Training Needs Analysis），就是"找出组织所需的'应有状态'与员工'现有状态'的差距"[1]。组织对员工预期状态的要求决定着培训需求。

目前，最为常用的培训需求分析是基于绩效的分析模式和 OTP（Organization-Task-Person）模式。前者要厘清哪些是培训可以解决的问题、哪些是组织本身的问题。后者是将需求分析分为三部分，即：

第一部分，对发展战略、资源、环境、氛围的组织分析（Organization Analysis）。

第二部分，对某特定工作任务预期绩效标准的任务分析（Task Analysis）。

第三部分，对员工知识结构、技能、态度、行为表现的人员分析（Person Analysis）。

基于 OTP 模式，需要兼顾组织需求与人员需求，在顺应人员主观需求的同时，进行组织、任务、人员的三角互证，挖掘并引领员工的隐性需求。利用 OTP 模式判定培训需求的方法如表 2-2 所示。

表 2-2　判定培训需求的方法[2]

分析	目标	具体的需求分析例子
组织分析	哪里需要培训	从组织的长期目标、短期目标、经营计划等判定员工的知识和技术需求 比较相对于期望的效率和质量指数 进行人事和后续计划，包括判定现有员工的知识（技术）基础的审查 评价培训的组织环境
任务分析	培训内容是什么	对于个人工作，判定绩效产出（标准） 组织要求的任务和成功完成任务所必需的知识、技术、行为和态度
人员分析	谁该接受培训，需要什么样的培训	通过绩效评估，判定员工的知识（技术）水平，以及产生绩效差距的原因 收集和分析关键事件 进行培训需求评估

如果我们将绩效的分析模式和 OTP 模式结合，那么就会得出对培训需求的完整判定过程（见图 2-4）。

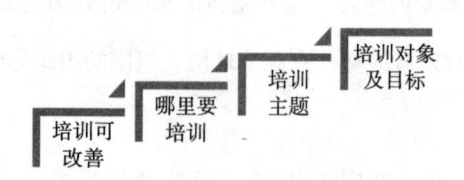

图 2-4　对培训需求的完整判定过程

首先，确定培训需求及可以改善的问题。培训作为一种手段，并不是"万能特效药"，不能解决所有问题。比如，培训不能解决文化问题，不能改变机制问题,更不能改善组织外的市场、资源、竞争对手等问题。针对这些问题,如果把时间和精力浪费在实施无效培训上,最后达不到想要的效果,就会让人非常沮丧。所以面对需求调查的结果,内训师必须明确,此次培训是仔细考量后能解决组织问题的首选方法,如果不是,就要果断放弃。

其次,确定开展培训的领域。培训的另一个名字叫"改善绩效",内训师在进行需求分析时,要么围绕组织某个领域的绩效改善做文章,要么从满足竞争需要而提高某方面的效率入手。

再次,确定培训主题。组织处于不同的发展阶段,开展培训任务的主题也会不一样。初创期以文化宣传任务为主;快速成长期以预防问题为主,关注岗位效率状态的改善;成熟期以创新发展为主,关注现状与任务预期的要求,随后再通过实施培训来缩小差距。

最后,确定培训对象及目标。培训对象的确定要从"工作业绩"和"改善意愿"这两个维度来分析(见图2-5)。

工作业绩低、改善意愿弱的员工:很明显是组织淘汰的对象,不必浪费培训资源。

工作业绩高、改善意愿弱的员工:通过激励来改造他们,使他们保持业绩的持续和稳定,而不是靠培训。

工作业绩低、改善意愿强的员工:组织要优先培训他们,使其业绩得到提升。

工作业绩高、改善意愿强的员工:组织重用他们,让他们承担更多的责任。

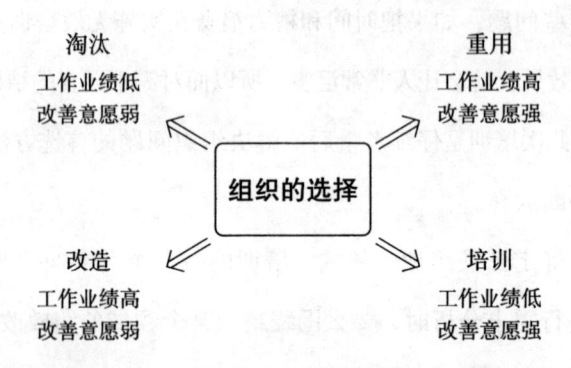

```
    淘汰                      重用
  工作业绩低                工作业绩高
  改善意愿弱                改善意愿强
         ↖            ↗
            组织的选择
         ↙            ↘
    改造                      培训
  工作业绩高                工作业绩低
  改善意愿弱                改善意愿强
```

图 2-5　确定培训对象的方法

组织对培训目标的选择和设定是确定培训需求的关键所在，绝对不要有一次性解决所有问题的幻想，更不能奢望通过一次培训就彻底弥补短板。很多时候需要组织分阶段地进行培训，先解决一部分人的一部分问题，再解决其他人的其他问题。因此，培训目标的选择和设定应避免"三不宜"：

不宜过高：过高无法实现，打击员工的积极性。

不宜过低：过低容易完成，无法给员工成就感。

不宜适中：适中触手可及，让员工能力难以提升。

组织可遵循"摘苹果理论"：目标选择略高于适中才是最佳的（如必须定量分析，也可参照黄金分割理论）。略高的培训目标意味着员工要付出一定努力才能实现，这样既能提升员工的能力，又能给员工带来心理上的满足感和成就感。

如何面对不充足的培训预算

当我们分析过组织的培训需求，确定好培训目标后，就需要仔细掂量一下培训项目的花费：预算。

如果你所在的机构属于大型组织，那么一般会采用集中式预算。集中式预算是把培训模块作为组织的一个成本中心来运作，将培训费用当作一项常用的开支。组织如果使用的是这种预算方法，那么就不用担心使用后必须提供一定的收入和利润证明，而仅仅需要将获得的培训资金使用到位即可。

在启动培训的新项目之前，组织需要根据年度培训预算表（见表2-3），严格按流程进行申报，得到批准后就可以获得相关的资金支持了。

表 2-3 某组织的年度培训预算表

序号	年度课题	各部门（分公司）培训预算分配情况												课题培训费用小计
		部门1	部门2	部门3	部门4	部门5	部门6	部门7	部门8	部门9	部门10	部门11	部门12	
1	主管心态													
2	主管职责													
3	压力处理													
4	管理原则													
5	目标计划													
6	过程控制													
7	成本控制													
8	质量管理													
9	效率创新													
10	授权技巧													
11	团队组建													
12	员工招聘													
13	业绩评估													
14	下属培养													

(续表)

序号	年度课题	各部门（分公司）培训预算分配情况												课题培训费用小计
		部门1	部门2	部门3	部门4	部门5	部门6	部门7	部门8	部门9	部门10	部门11	部门12	
15	员工激励													
16	领导艺术													
17	有效沟通													
18	苦衷处理													
19	冲突化解													
20	规章执行													
21	安全管理													
22	法规基础													
23	劳资关系													
24	讲师发展													
部门（分公司）预算小计														

预算：预先算成本

培训管理者和内训师都要确保培训投资的回报率大于零，想要实现这个目标，确定项目成本尤其重要。培训项目的预算一般涉及五项成本，将各项成本根据公式进行相加，就可以得到总成本。

第一，内训师时间成本。

常用的计算方法是：内训师每小时的费用率（即课时费率）× 实施（设计、评估）课程的时间。

课时费率的计算，一般会根据内训师的资质，如一星级内训师、二星级内训师……将其评定为3~7星级，每星级都有固定的数额，同时会对项目设计、实施、评估所花费的时长进行制度约定。这是最常见、最简单、最易操作的计算方法。

此外，还有一种课时费率的算法，是将内训师"每年的工资和间接成本（五险一金等），除以每年工作的小时，得出每小时的工作成本，然后乘以所用的小时"[③]。其不足之处在于忽略了内训师在单位时间（一年、一月、数天）内进行的培训项目设计、实施和评估之外的工作，比如自我提高和进修、开发相应项目教材、非授课的专门行政管理活动，以及协助其他内训师工作等。

第二，参训者时间成本。

对于这项成本的计算，主要有以下两种方法。

第一种计算方法：参训者平均工资的小时比率 × 培训小时数 × 参训人数。

第二种计算方法：组织制度约定。

第三，场地设备使用成本。

这项成本又可以分成两种，分别是内部场地设备和外部场地设备。

内部场地设备的计算方法：租金（天）× 培训时间（天，不足整天的按整天计算）。

外部场地设备的计算方法：按发票上显示的租用金额计算。

第四，交通食宿成本。

这项成本理解起来比较简单，一般按组织内部的规定来单独计算。

交通成本的计算：跨城往来发生的基本（航班经济舱、高铁二等座、普通列车硬卧、长途汽车等）费用＋城内往来发生的基本（公交、地铁、出租等）费用。如果使用组织外部培训场地，交通费用就以发票显示的车辆租用金额为准。

餐饮（含课休茶饮）成本的计算：组织制度约定。

住宿成本的计算：组织制度约定。

第五，教材及测验成本。

教材一般有两种获取方式：一种是由内训师编写开发，其计算公式为内训师每小时的费用率 × 实际编写小时数（或组织制度约定）；另一种是由外部讲师编写开发，其费用以购买或印刷的实际消费金额为准。

测验成本的计算主要有以下三种方法：

第一种，内训师每小时的费用率 × 测验时间。

第二种，组织制度约定。

第三种，测验方合同约定。

如果组织为了追求更好的培训效果，决定所有的培训项目都由外部组织提供，那么培训项目的成本就比较容易计算了，具体计算方法如下：

外聘讲师时间成本，按照培训提供者实际收取的费用计算即可。
参训者时间成本。
场地设备使用成本。
交通食宿成本。
教材测验成本。
与不同的培训提供者见面、确定需求、培训结束时的回顾和评估所花费的时间成本。

捉襟见肘的预算

通常在启动培训项目之前，预算就已经确定好了组织花费金钱的额度。没有特殊情况的话，花费不能超过预算。任何项目预算的标准都是在成本与投入之间找一个平衡点，不可能为了小概率的需求无限制地提高投入。所以，很多时候项目的预算都是不充足的。

这时，内训师一般会选择变通培训项目的实施方式（如改成线上培训等）来完成组织的培训任务。下面我们以线上培训为例。

用线上培训的方式来迁就不充足的预算经费时，需要考虑频率、人数、地点和周期这四个预算项目，如图2-6所示。

```
        线上培训
          考 虑
   ┌──────┬──────┬──────┐
  频率    人数   地点   周期
```

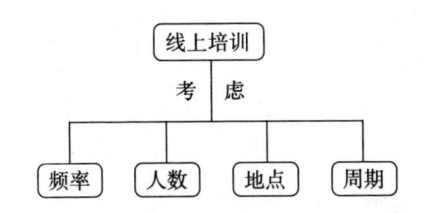

图 2-6　线上培训需要考虑的预算项目

实施频率。培训的实施频率越高，越适合实施线上培训。

培训人数。参训学员人数与线上培训的合理性呈正相关。

参训地点。参训学员所处（分、子公司）地域的分散程度，直接关系到他们的差旅交通住宿成本的增减。

培训周期。培训项目如果要跨越较长的周期，那么就更有理由设计成线上培训。

此外，组织在培训预算不足时，还要重点考虑培训成本是否合理。对于培训中需要使用的新资源，要考虑这些新资源是否可以再利用。

通过对被培训者的评估获取培训需求

培训的成功，意味着学员技能的提高、组织绩效的提升。这份成功需要用评估来举证说明。任何形式的培训都需要证明效果，哪怕只是一场半小时的培训，也要在结束后问几个相关的评估问题。

针对被培训者评估这个问题，美国培训专家伊莱恩·碧柯（Elaine Biech）极力推荐柯氏评估模型。该模型包括现场反应、学习过程、行为改善、评估培训效果。确定被培训者在实施培训过程中的行为改善尤为重要，它可以帮助被培训者改进日常的工作，获取其最新的培训需求。

现场反应是最直接、最容易、最快捷的评估手段

现场学员参与的积极性、培训内容分享与目标之间的关联性，以及学员、培训部门对培训现场状态的满意度等，都是培训现场反应的组成部分。

学员对培训都有自己的感受，内训师可以在培训结束后做个小调查，收集一些学员对改进培训工作的意见或建议（见本节最后的附录内容，你也可以通过微信小程序制作成电子版文件，向学员进行收集）。

组织内部的学员每年都会参与各类培训，参训经验让他们拥有极好的衡量标准，用来评估内训师及培训课程也是比较合适的。

内训师还可以进行自我评估，你本人的绩效改善也是组织培训工作持续改进的组成部分。自我评估最便捷的形式，是编制一份评估清单，聚焦讲师、学员、课堂环境等方面。

学习过程中尽量加入更多的评估手段

在学习过程中融入尽可能多的评估手段，可以降低事后评估的权重，而且比在培训结束之后进行评估节省更多的时间。在学习过程中进行评估时，内训师可以使用下面这两种方法帮助记录。

第一，全程录制视频。它可以还原相对真实的培训场景。没有比看自己讲课更好的、更能让内训师意识到自己或学员从未意识到的细节的办法了。

第二，引入第三方观察者。第三方观察者可以是教学以外与培训相关联的人员，或者是组织之外的观察者，请他们到培训现场进行观摩并给出评估。虽然聘请组外的观察者可能花费的成本较高，但做得恰当的话，对内训师未来的培训工作会有更积极的影响。

内训师对自己和学员的评估，除了上面讲到的方法外，还可以用练习和提问的方法。

第一，练习。它可以检测学员是否可以用期望的技能或所学的知识完成任务，或者表现出预期的行为举止。作为一种绩效测试手段，练习在大多数情况下都可以用来评估培训，特别是对培训成果及与技能相关的学习目标的评估。如果可能的话，练习任务应尽可能仿真模拟岗位环境，把练习设计得像学员在常规工作中一样。另外，群体练习尤其适用于评估团队的培训目标，内训师可以在培训中运用群体练习评估培训进展。

第二，提问。这是一种既传统又有效的方法。有国外学者归纳了提问的四大功能：提示重点、评估扩增、分布集中、秩序维稳。通过提问，内训师可以向学员提示课程的重点内容、过程和方法，起到引领的作用。对组织开发的课程研究，借着问题的提出，既可深度挖掘内容、扩大了解范围，又能测试学员认知水平的提升情况。由记忆性、知识性到分析、推理、评论性的探讨，乃至创造性思考的改善，使新课题更好地为绩效提升服务。提问可以引起多数学员的参与，共同研讨同一个问题，激发各种思考，相互碰撞、相互切磋，达到集思广益的效果。内训师可以通过提问维持培训现场的秩序，使培训教学顺利进行。

提问适用于评估与知识相关的目标，特别是在学习过程中有规律地提出一些问题，可以帮助内训师评估其所讲内容是否已被学员掌握，以及是否需要调整培训的进度。在学习接近结束时，内训师通过一系列的问题来总结课程内容，评估判定其所讲内容是否已经被学员吸收。

如果内训师能在学习过程中把上面几种评估方法进行有效的结合，那么一定比单一使用某种方法更有效果。

培训后岗位评估的重点是关注行为改善情况

学员培训后回到工作岗位，内训师需要进一步跟进评估学员行为的改善情况。一般来说，内训师可以选择在培训后的特定节点进行评估，而且可以进行多次评估。例如，在3~6个月后进行跟进并多次评估，判断学员的进步程度，获取他们的最新培训需求。有时，根据培训内容及难度的不同，跟进评估的时间更适合在6个月或更长时间后进行。比如，培训的内容是关于语言表达、书面能力提升的，那么起码需要6~12个月以上的时间，才能确定培训的效果如何，以及后续对培训需求做哪些方面的调整和改善。

学员的绩效考核成绩、对学员在岗位上的现场观察，都属于重要的评估依据。另外，让学员的直接上级反馈其训后行为是否有所改善，也是一种可行的方法。学员的直接上级如果能参与到为学员选择培训的过程中，也就意味着他们对培训成果有一定的兴趣。考虑到工作绩效是对培训成果的切实检验，因此向学员的直接上级调查其回到工作岗位后的工作绩效，要比培训期间和培训结束后马上对学员进行绩效考查更有价值。

因为培训后的跟进评估对时间、资源都有较高的要求，所以很多组织在培训后都会有意识地省略这个环节。这时，内训师就需要督促组织进行这项工作，不要因为怕麻烦就省略掉该环节，不然就会使对培训效果的判定大打折扣。

评估培训效果的方法

为了更好地评估培训效果，有时需要设立对照组（未参加培训的人员群体）进行对比。如果学员组的数据整体超越了对照组，那么就可以作为达到预期目标的可靠证据，也说明内训师出色地完成了工作。

测试，在这个阶段经常作为主要的评估手段来使用，它也是评估知识类培训效果的最好方法。

测试有很多形式可供选择。对于短期培训或中期评估，口头测试的效果很好。比如，组织培训的内容是帮助学员了解全面质量管理、建筑施工安全生产等关键步骤，那么在培训完成后，内训师可以出一些相关的问答题来评估学员的培训效果，并且根据评估结果调整后面的培训内容。

如果用的是书面测试，就需要内训师预留出准备试题的时间。书面测试的好处是文字结果比较容易保存下来，后续如果有类似的培训，方便内训师直接拿出来做参考，更容易获取课程的培训需求。

如果是关于提高计算机技能、软件使用的培训，内训师可以让学员直接在计算机系统上参与测试。注意，在准备试题时，不要使用偏题或含混不清的问题。如果你不会或没有时间设计线上试题，也可以直接参考一些在线学习软件，它们一般都有测试功能，可以帮助你比较快地确定测试的题目。

在准备测试的题目时，内训师可以参考下面列出的题型，根据培训课程的主题和具体内容，选择其中一种或几种进行设计。

二元选择题。二元选择题只有两个选项，对或错、真或假。注意，如果在培训中你从没用过这种方法，那么一定要慎重使用。最后的答案必须是唯一的。

多项选择题。多项选择题可以考核学员对预期知识的掌握程度，以及排除次要信息的能力。注意，你要确保有明确的答案，并审慎使用专业术语和行话。无论其他答案多么接近正确答案，正确答案都必须是确定的，不能模糊。这一点很重要，涉及了公平的问题。

配对题。配对题类似于连线题，考查学员是否掌握了特定的术语或关系。注意，使用专业术语和行话时要慎重，特定术语是学习过程的重要组成部分，可以出现在测试中，但必须提前让学员了解并熟悉这些术语。

填空题。填空题答案需要清晰准确，避免学员产生混淆。

问答题。问答题适用于与行为、管理、文化、行政相关的培训。使用问答题时要注意，一是需要提前确定学员要回答的关键点；二是如果不是为了测试创新能力，就不要把问题设计得过于开放。

美国培训专家汤姆·W. 歌德（Tom W. Goad）在从判断正误到问答形式的案例研究中，得出了这样的结论：**评估测试的难度会越来越大**。主要原因有以下几个方面：

学员返回工作岗位后，并没有立即运用培训中学到的知识，在遗忘曲线的作用下让测试结果堪忧。

测试的范围远超过培训内容，培训中并没有为学员提供足够的知识。

测试题没有明确答案，学员无法在测试中给出期待的内容。

学习目标本身不适合测试，也许更适合让学员实际操作。

测试没能准确地评估学员的这次学习是否成功。

构建一次既有信度又有效度的测试实属不易，有效的测试会准确测出内训师打算测试的内容，而不是些无关痛痒的东西。

附录　培训评估范例

名称：线上直播的产品演示技巧

时间：＿＿年＿＿月＿＿日　　　　　　　内训师姓名：＿＿＿＿

请花十几分钟时间，将您对此次培训的意见告诉我们。您宝贵的意见将帮助我们今后为其他学员提供更加优质的培训和服务。

1. 对于本次培训，您的整体印象如何？

非常好　　　好　　　一般　　　待改进
□　　　　□　　　　□　　　　□

2. 对于演示技巧的课程教材内容设置，您认为：

（1）课程符合被培训学员的需要和兴趣。

非常好　　　好　　　一般　　　待改进
□　　　　□　　　　□　　　　□

（2）课程知识结构合理，内容新颖清晰。

非常好　　　好　　　一般　　　待改进
□　　　　□　　　　□　　　　□

（3）切合实际应用，对提高演讲技巧有帮助。

　　非常好　　　好　　　一般　　　待改进
　　　□　　　　□　　　　□　　　　□

（4）课程内容拓宽思维，开阔眼界。

　　非常好　　　好　　　一般　　　待改进
　　　□　　　　□　　　　□　　　　□

（5）教材和课程内容配合，详略得当，制作精美。

　　非常好　　　好　　　一般　　　待改进
　　　□　　　　□　　　　□　　　　□

（6）教材精巧实用，有助于日后复习巩固培训所得。

　　非常好　　　好　　　一般　　　待改进
　　　□　　　　□　　　　□　　　　□

您的其他意见是：_____

3. 您对专业演示技巧课程最感兴趣的培训内容是：_____
_____

4. 您认为对提高专业演示技巧最有用的培训环节是：_____
_____

5. 对于讲师的授课水平，您的评价是：

（1）教学态度认真，备课充分。

　　非常好　　　好　　　一般　　　待改进
　　　□　　　　□　　　　□　　　　□

（2）材料充实，内容系统，例证丰富，实用性强。

　　非常好　　　好　　　一般　　　待改进
　　□　　　　□　　　□　　　□

（3）讲解全面生动，深入浅出，富有感染力。

　　非常好　　　好　　　一般　　　待改进
　　□　　　　□　　　□　　　□

（4）针对学员的知识背景和层次授课，所给内容难易适中。

　　非常好　　　好　　　一般　　　待改进
　　□　　　　□　　　□　　　□

您的其他意见是：_____

6. 对于培训过程中互动交流的评价：

（1）有足够环节与讲师或其他学员交流。

　　非常好　　　好　　　一般　　　待改进
　　□　　　　□　　　□　　　□

（2）开放的讨论氛围，有利于启发思维。

　　非常好　　　好　　　一般　　　待改进
　　□　　　　□　　　□　　　□

您的其他意见是：_____

7. 对于培训场地和设施的评价：

（1）针对不同课程，培训地点安排合理。

　　非常好　　　好　　　一般　　　待改进
　　□　　　　□　　　□　　　□

（2）场地设施齐备，布置高雅，符合培训要求。

非常好	好	一般	待改进
□	□	□	□

您的其他意见是：_____

8. 对于本次培训的整体安排及接待，您认为：

（1）松弛有度，各环节均能合理安排。

非常好	好	一般	待改进
□	□	□	□

（2）通知及时，教学组织有序。

非常好	好	一般	待改进
□	□	□	□

（3）开学/毕业典礼、欢迎/惜别晚宴。

非常好	好	一般	待改进
□	□	□	□

（4）过程精彩丰富，印象深刻。

非常好	好	一般	待改进
□	□	□	□

（5）食宿安排舒适合理。

非常好	好	一般	待改进
□	□	□	□

（6）交通安排合理顺畅。

非常好	好	一般	待改进
□	□	□	□

（7）工作人员训练有素，态度亲切。

　　非常好　　　　好　　　　一般　　　　待改进
　　　□　　　　　□　　　　　□　　　　　□

您的其他意见是：_____

9. 针对学员的需要，您认为本课程有哪些需改进的地方？
　_____
　_____

10. 如果再次参加此课题的研讨，您希望深入了解哪些内容？
　_____
　_____

11. 未来您还想参加哪些课程的学习？
　_____
　_____

感谢您的支持与配合！

××集团培训中心

第三章

课堂设计——内训师的生存标配

课堂教学法设计

使用最早、应用最广泛的讲授法

讲授法,是以口头语言向学员描绘情境、叙述事实、解释概念、论证原理和阐明规律的教学方法。④ 美国认知教育心理学家戴维·保罗·奥苏贝尔(David Pawl Ausubel)认为:"讲授法一直都是教学法体系的核心,以后也有极大可能如此,因为它是传授知识的唯一可行和有效的方法。"现实确实如此,被称作"训练万法之王"的讲授法,可以胜任各种不同的内容,应用极为广泛,限制条件最少,只要是能讲话的地方都适用。

但在如今的培训课堂上,讲授法却成为搬运知识、死记硬背、机械训练的代名词,逐渐成为内训师、学员抨击和讨伐的对象。讲授法似乎已经失去了魅力,一堂培训课如果没有游戏、没有视频、没有反转,那么就是老旧、死板、落伍的范例。

其实，讲授法不是组织培养人才的障碍，恰恰相反，它在组织培养创新型人才的过程中仍然发挥着积极的作用。

言说在于理解领悟

言说是讲授法的主要形式，也是培训课堂启发和对话教学信息传输的主要途径。言说的目的不是单纯地让学员知道什么，而是在必要的时候能够运用、解决问题，能化深奥为浅显，便于学员理解领悟。比如下面这个有关垃圾分类的讲解，就是一个很好的能让学员理解领悟的例子。

- 可回收垃圾

经加工可以成为生产原料或经过整理可以再利用的物品，包括纸类（除纸巾与厕纸）、塑料、金属、玻璃和织物等。

- 厨余垃圾

家庭废弃的有机易腐生活垃圾，包括剩菜剩饭、蛋壳、瓜果皮核、茶渣、过期食品，以及水果和水产市场产生的有机易腐垃圾，包括废弃菜叶、水果、动物内脏、鱼虾等。

- 有害垃圾

对人体健康或者自然环境造成直接或者潜在危害的生活垃圾，包括废充电电池、废纽扣式电池、废灯管、弃置药品、废杀虫剂（容器）、废油漆（容器）、废日用化学品、废水银产品等，这些垃圾需要特殊安全处理。

- **其他垃圾**

除前三项以外的生活垃圾，包括卫生间废纸、一次性纸尿裤、餐巾纸、烟蒂、清扫渣土、大棒骨、贝壳、砖瓦陶瓷等难以回收及暂无回收利用价值的废弃物。

综上，垃圾可分为可回收垃圾、厨余垃圾、有害垃圾和其他垃圾四类。

垃圾分类猪实验，猪能吃的是厨余垃圾，能吃死猪的是有害垃圾，连猪都不吃的是其他垃圾，卖了钱能买猪的是可回收垃圾。

上面的例子，用通俗、简洁的语言取代了政府公文中冰冷的文字。这种方法活跃了学员的思路，深化了其对垃圾分类的理解，便于学员在日后遇到垃圾分类的问题时正确处理。

可能有人会说，像这样小篇幅的讲授不足以填充培训课堂的时间，给学员提供的内容也稍显不足。但是，流利的废话充斥课堂，何尝不是变相的"慢性自杀"呢？我们需要的是"精讲"，是有条理的、能够打动人心的语言。

讲授法从来不是为了满足身不离座、足不离地的静听而准备的"注射器"。内训师可以把课堂时间分成若干阶段，每个阶段的讲授时间不超过15分钟，讲授内容结束后，通过师生设疑、生生设疑等练习来检测讲授的内容。

斯腾伯格（Sternberg R.J.）和史渥林（Swerling L.S.）在其著作《思维教学：培养聪明的学习者》中，总结了三种流行的课堂教学策略：

照本宣科。

以客观事实为基础的问答。

以思维为基础的对话。

我们不赞成在培训课堂中采用单一策略,因为单一会让人厌倦,也会削弱教学效果,而多种策略的组合能让学员掌握多种技能。即使内训师运用的是照本宣科的策略,如果想找出哪些地方需要深入讲解,也得问学员一些以事实为基础的问题。即使在非常适合使用对话策略的情境下,内训师也需要用其他策略,适时地启发学员,引导学员对疑难的问题进行自主澄清。

讲还是不讲,是个问题

如果说让学员理解通悟是内训师会讲的表现,那么为学员留下思考的留白而少讲或不讲,展现的就是内训师的智慧。

所谓"书有合讲处,有不必讲处"。内训师要控制教学语言的用量和着力点,有些内容可以不讲,而是直接发给学员。比如在上面垃圾分类的例子中,内训师可以不讲垃圾分类的概念和组成内容。因为这些内容在网上都能搜到,显示不出内训师讲授传播的价值。况且培训教学的最终目的不是向学员传授已有、已知的东西,而是把学员经过思考后产生的创造力量激发出来,将其为组织创造更多业绩的能力唤醒。

所以,有的内容你可以选择讲个大概,具体的内容让学员自己去探索。你可以不逐章讲解,而是把重点放在强调师生、生生之间对于学习内容的探讨、辨析上。很多时候你讲得事无巨细,学员就不会下功夫,就失去了"猜"的机会和探究的兴趣。

"少讲"就会有问,"不讲"则会生疑。按照朱熹的讲学经验:读书无疑者须教有疑,有疑,却要无疑,到这里方是长进。学而要有问,学离不开问;做功夫须有疑,有疑方能进步,学习本就是"无疑—有疑—无疑"的过程。内训师要用"少讲"或"不讲"激发学员的新想法,甚至提出奇思妙想的问题,尽可能地让培训课堂成为智慧火花的迸发、创新意识的闪耀、职业活力的张扬之地。

课堂修炼,给"讲"留个位置

很多内训师觉得讲不用费太多力气,经常讲功不够,游戏来凑;讲功不足,插播视图。这种想法是完全错误的,讲授法其实是最能体现内训师"内在深厚功力"的试金石。

课堂讲授特别需要内训师的出口成章、旁征博引、妙语如珠、收放自如。想要发挥好讲授法的作用,内训师就要在授课前预设:哪些内容是学员感兴趣的,哪些内容是需要精讲细评的,哪些内容是可以一带而过的,哪些内容是需要及时解惑的,哪些内容是需要前后呼应的。内训师做到课前心中有数,就能在课堂上挥洒自如。

多元思想涌流的课堂讨论法

从先秦时期的稷下学宫,到后来的中外书院、学院,都非常注重自由讨论的价值,来自不同地方的学者、学生在相互争辩中迸发思想的火花,构建新的知识体系。

课堂讨论法的拉丁文为"seminar",其本义为"温床""发源地"。随着时代的发展,其存在的形式变成了学生在以老师为主导的课堂上,畅所欲言地发表意见、研究问题。

如今,以学员为中心的课堂讨论法已经成为组织的一种经久不衰的育人方法。在美国教育学家史蒂芬·D. 布鲁克菲尔德(Stephen D. Brookfield)和史蒂芬·普莱斯基尔(Stephen Preskill)的《如何讨论:以最短时间达成最佳结果的 50 个讨论方法》中,讨论法即"由两个或两个以上的成员组成小组,互相分享、批判各自的想法,并在此过程中保持适度的严肃与嬉闹"的方法。

课堂讨论法能够有效地调动学员课堂讨论的积极性与参与性,能够给他们发表自己观点的机会,同时鼓励他们用自我展示的方式进行表达,增强团队合作意识,提高内训师的教学组织力和学习力。

既然课堂讨论法有如此多的优点,那么内训师应该如何做,才能把课堂讨论完美地加入到自己的培训教学设计中呢?

皮埃尔·阿伯拉尔(Pierre Abelard)在其著作《是与否》中认为:"首先,以问题形式呈现论题;其次,把关于此论题的所有赞成和反对的观点尽量摆出,却不给出任何结论,刺激学生思考;最后,带着怀疑的态度通过讨论,对各种观点进行权衡利弊,给出问题的解决方案。"

课堂讨论法的实施过程一般包括划分小组、展示准备、确定议题、陈述意见、记录想法、知识整理、版面设计、成果展示。[5]最后由内训师进行点评，总结各小组在讨论过程中的优缺点，以及需要改正的问题和有借鉴意义的学习成果。

保证学员了解讨论的规则

对课程讨论规则的设定，有助于学员在专题讨论和总结汇报发言之间保持平衡，会让讨论更有意义，使学员更好地进入状态。这些规则包括：

- **人员设定**

小组数量不宜超过7组，小组数量较多会导致汇报点评占用时间过长。

小组成员的组成本着公平分配原则，尽量确保不同年龄、性别、职级、业务线、专业背景的混合搭配。

小组人数在8人以内，人数过多会增加组织管理难度，经常出现个别学员"搭便车"的情况。

小组讨论的主持人可由内训师当堂随机指定，或全组人员推选固定人选，或组员轮流担任（在无领导小组讨论中，学员不受拘束地表现自我，更容易暴露其真实反应与观点，有利于内训师做出更为精准的比较和判断，但容易造成讨论耗时较长的局面）。

确定每个小组讨论成果汇报的人选（事先确定有利于责任锁定）。

- 时间设定

小组讨论时间不超过20分钟。

每组成果的汇报时间为1~3分钟，内训师点评时间不超过3分钟。

- 预案设定

简明扼要地告诉学员应该做的工作及其结果（可以是一些选择的方法、行动的要点清单，或者干脆是一个完整的行动计划。在讨论结束时希望得出什么样的结果，是在全体学员面前向其他小组汇报，还是每个人都要写文字报告。如果介绍内容太复杂，应该以书面形式发给各组）。

对裁判身份的确定。

能够为讨论提供的物品。

对可能出现的意外状况提前做好说明，比如，某个小组出现冷场情况、讨论冲突等。

预设有争议性的论题

带有争议性质的内容比较适合采用小组讨论，这种论题本身就具备了讨论的空间和必要性。比如，关于"为什么"方面的问题就较适合进行讨论；而涉及"是什么""怎么样"方面的问题往往不需要进行讨论；既成公理（法规）、组织文化制度、领导人风格、未公开事件等通常禁止作为论题。

需要注意的是，当涉及对某些文本进行整体感知评价时，一般不宜使用课堂讨论法。

正面鼓励的点评总结

根据认知精制理论，学习者最有效的方式是向他人解释材料，解释者采纳其他成员意见的同时，对自己的知识进行重组或精制，故学习过程中受益最大的是那些给他人作详细解释的学习者。内训师的点评与总结是对讨论成果的升华，给参与讨论深度学习的学员以正面鼓励。

内训师的点评总结应该贯彻"限时三分，重点管理"的精神，做到言简意赅，以简单求丰富。不管你要说的意见有多么繁杂，都一定要在3分钟之内概括完。如果"讨论结果作为培训评估的一部分，这就更要注意汇报内容的形式和风格，而不能停留在仅仅与其他小组人分享想法上"⑥。根据培训的不同类型，点评范围可以是汇报学员的仪容仪表、语言表达，也可以是思考的深入性、观点的独特性、论证的合理性和方法的新奇性。

课堂讨论经常出现的问题

讨论成了闲聊。 因为对讨论的监控不到位，内训师成了课堂上多余的摆设，学员占用讨论时间聊闲天，导致讨论质量大打折扣。

把讨论当过程。 仅给予学员自行交流的时间，较少听取学员的意见，讨论后直接展开自己的讲解，讨论价值难以体现。

讨论沦为形式。在讨论中机械地划分讨论的对象与终止时间，对学员在讨论中提出的问题置若罔闻，很难产生多元思想的涌流。

讨论引起冲突。或受论题设立、思维习惯等因素的干扰，偏离讨论的轨道；或受性格强弱、职级高低的影响，在讨论时与对方产生摩擦，陷入争吵，造成课堂秩序混乱。更有甚者，强迫对方接受自己的意见，鲜有属于自己的新观点与新见解。

讨论参与度不高。把自己当成课堂讨论中的陪衬，多数时间成为倾听者，反而觉得积极参与的学员"出风头"，如此一来，整个课堂的氛围将会死气沉沉、毫无生机。

讨论角色模糊。当讨论出现状况时，要么不能恰当地介入引导，完全依赖学员随意发挥，让学员成为讨论的真正主人；要么在排除状况后不能适时地退出引导，由"陪驾"变"主驾"，直接全面接手、干涉讨论。在讨论中扮演引导者、总结者、适当的调和者时角色认知模糊，缺乏掌控全局的能力。

课堂讨论法 ≠ 头脑风暴法

头脑风暴法（Brain Storming）通过小型会议的组织形式，让所有参加者在自由愉快、畅所欲言的气氛中，自由交换想法或点子，并以此激发其创意及灵感，使各种设想在相互碰撞中激起创造性"风暴"，也有人称它为"脑力激荡法"。

头脑风暴法虽然可以以讨论会的形式进行，但是它与课堂讨论法是截然不同的两种方法（见表3-1）。

表 3-1 头脑风暴法与课堂讨论法的比较

	头脑风暴法	课堂讨论法
研究问题类型	特殊型、探求型	争议型、判断型
实施时间	30~45 分钟	20 分钟以内
参与人数	12 人以内	50 人以内
主持者权威	无	有
发言产出	既要提出本人想法，又要能改善他人想法	围绕论题充分发言
发言秩序	不被打断，不能干扰，不受反驳	平等交流，允许争论
设想数量	多多益善，以量促质	受论题所限，难有太多数量产出
内容的自由度	不受限制，容忍荒谬	内容须围绕论题
对评价的约束	排斥评价，严禁批判	不禁止

头脑风暴法能使人们在较短的时间内提出大量有实用价值的想法，避免了非建设性的争论。它的局限在于："只是提出设想的一个步骤，是创造性解决问题的一个阶段，而不是解决问题的完整过程；头脑风暴设想的提出是以个人努力为基础的，是对个人提出设想的补充，但它不能取代个人努力。"[7]

在培训教学中，头脑风暴法由于其严格的使用原则和复杂性，目前还不能完全替代课堂讨论法。在传统的讨论法培训中需要创造性思维发挥作用时，可以以召开头脑风暴会议作为有益补充。

既能示范又能示错的演示法

演示法是指在培训教学中，配合讲授或谈话，展示动作（表情）、文字、图表、视频，操作实物（教具），或者向学员做示范性的实验，利用多模态话语来说明、解析、印证学习内容的教学方法。[8]相对于其他培训方法，演示法的信息载体形式最具有多样化的特点，可以将原理性、概念性的培训内容变得生动化、形象化。

演示法属于以视、听、说多模态为主的培训方法，而讲授法、讨论法属于以听觉模态为主的培训方法。"在认知心理学看来，人们对客观事物的接收效率中，听觉占11%，视觉占83%，两者结合总效率为94%。"[9]所以多模态的培训教学相对于单模态的培训教学，更能活跃培训教学的氛围，强化学员的记忆，提高学员的接收效率。内训师选择声音、视频为载体演示内容时，要比纯文字更容易让学员接收。而使用示范性实验的演示方法，相较于声音、视频，也更容易被学员接收。

演示应与口头说明同时进行

美国学习研究专家理查德·E.梅耶（Richard E.Mayer）认为："在一定的培训环境下，一部分内容以视觉模态呈现，另一部分则以听觉模态呈现，这种多模态集成数据信息的呈现方式，可以增加工作记忆存储量，减少学员单位时间内的学习认知负荷。"

不论演示媒介载体有什么差异，演示过程都应与口头说明同时进行。如果不进行示范、操作，只有口头说明，那么培训就完全成了讲授，也就失掉了演示应有的光彩；如果一味地示范、操作，不进行同步说明，就会增加学员学习记忆的难度，进而出现歧义，甚至产生认知上的"脱轨"。

对学员注意力的吸引与保持，取决于实物（教具）、图表的生动性和操作过程的奇异性。在实物（教具）、图表演示前，你如果能避免提前泄露要演示的内容，在培训过程中给学员做突然的演示或操作，那么就可以牢牢抓住学员的眼球，让他们把所有的注意力都集中到你身上。

使用电媒视频演示时，时间应控制在5分钟以内，口头说明注释要放在播放前进行，并确保现场每一位学员都能够看清你示范、操作的过程。

演示中的示范要求

在涉及点钞作业、服务礼仪、岗位操作等方面的内部培训中，大多数内训师会运用演示示范的方法。这些示范的具体手段包括：内训师亲自示范，做出正确、规范的动作；组织观看优秀员工的表演、练习；指导其他学员观察动作掌握得好的学员所做的正确动作；向学员展示所教动作的典范性图片或播放视频资料等。

示范，要显示出动作的典范形象、结构、要领和方法，能使学员形成对典范动作的正确观念和表象。示范的具体要求是：

合乎典范：出示的典范动作一定要是正确的、合乎规范的。

清晰慢速：做到清晰可见，降低动作速度，分析动作过程，提高学员感知程度。

变换方向：必要时更换方向，让学员从不同方向（方面）观察。

见微知著：侧重观察示范者技术动作中的某一局部技术动作结构，或观察某些局部细微动作在整个任务过程中的作用。

关注神情：引导学员关注示范者在完成动作过程中的精神状态。

示范、示错本是同根生

演示中既有示范，也有示错。示范与示错是相依相随、相辅相成的关系。

示错，是指内训师选用各种手段向学员展示在做动作时容易发生的错误和应予弥补的缺陷。内训师还可以运用正误对比的方法，使学员清晰地比较错误动作与典范动作的差异，以便着手去消除这些差异。之所以把演示法中的示范和示错相提并论，是因为它们具有不同的效应，但又能达到相同的目的。

内训师向学员演示完成技术动作的过程中可能普遍存在的错误、缺陷技术动作时，或在学员开始尝试性练习之后，适时地用自己的表演向学员再现他们已经普遍存在的错误及缺陷时，需要注意以下几个要点：

禁止丑化表演。应贴近真实，可适度放大、夸张，但绝不丑化。示错以不可过分使学员感到难堪为宜，保持对其人格的尊重，要让学员认识到，内训师是诚心帮助他矫正错误动作，而不是为了当众嘲笑他。要避免激怒学员而使其"破罐子破摔"，否则只会破坏他学习技术动作的信心和兴趣，造成师生感情冲突，从而影响师生共同纠正、弥补技术上的错误和缺陷的效果。

鲜明对比"白＋黑"。 为了使学员对正确动作有深刻的认识，可先不做正确的"白"动作，而有意先做易犯错误的"黑"动作。有比较才有鉴别，把错误、缺陷同典范动作的正确、完善相对比，才能有效地避免、纠正学员的错误，弥补学员的缺陷，同时还能提高学员注意观察、判断分析、解决问题的能力。

"相依相伴"的示错与分析。 如果错误来自学员自身，那么内训师就应该让其观察自己的错误和缺陷动作，倾听正确讲解分析，引导学员自己动眼、动口、动脑、动手，通过自身的本体感受反馈信息，亲自去找错误和缺陷产生的原因，并通过反复练习，使正确技术动作定型。

经常性地"一对一"。 如果出现不具代表性的错误和缺陷，为了维护学员的自尊心，内训师只宜对其进行个别的示错，要求他做出纠正错误和弥补缺陷的动作，在其头脑中加强正确技术动作的影像。

示警后有建议。 如有必要和可能，内训师应该为学员演示因为错误动作所导致的人身伤害事故，以达到示警的效果。在演示完错误的动作后，你还要尽可能向学员详尽地说明预防伤害的方法，为他们提供可以自我保护和保护他人的有效建议。学员掌握了这些避免伤害事故的方法后，才不至于畏缩不前，才能大胆地去练习，最终达到尽快掌握正确动作的目的。

学员在培训课堂比较清晰地认识到了错误、缺陷与典范动作的差异，就能有效地避免、纠正、弥补这些错误与缺陷。

"结"落归根

演示法的运用，是为了将培训内容化难为易、化繁为简、化抽象为具体。演示的示范和示错只是手段，前提是吸引学员注意力，理解培训内容，最后把演示的结论回归到培训课堂的知识和材料的"根本"上，这样才能实现讲述与演示的系统性、逻辑性。

鼓励换位思考的角色扮演法

近年来，角色扮演（Role Playing）在沟通技巧、商务谈判、招聘面试、营销管理、投诉处理等培训课程中非常盛行，被越来越多的组织重视并使用。

角色扮演法（Role-Play Teaching Method）又称"情景模拟教学法"，是以任务为导向，通过设计虚拟场景，由学员自主选择角色进行行为模仿，通过模拟行为产生的感受和体验，来发现问题、掌握知识和技能的培训方法。[10]

角色扮演法可细分为鱼缸观察、角色轮换和角色倒置。鱼缸观察是指承担角色扮演任务的学员组成模拟表演组（鱼缸），其他参训学员在一旁观察记录表演成员（金鱼）的表现。角色轮换是指同一个角色由不同的学员来扮演，这样不仅可以让更多的学员参与扮演活动，而且为同一个问题提供了多种解决方案。角色倒置是让参与角色扮演活动的学员互换角色，相互体验不同的角色。

角色扮演教学一般包含四个步骤：任务设计、情景（角色）说明、角色扮演和总结评价。

任务设计避免暴露主体的隐私

内训师根据任务创建的问题情境，应与学员工作中遇到的问题情境类似，并能准确呈现出学员处理问题时的真实心理活动和心理冲突，从而激发起学员的情感。在创建情境时，内训师要注意避免暴露主体的隐私，禁止运用各种曝光、内幕等噱头吸引学员的眼球，诱导学员非自愿参与。

情景设计不应过于困难，要方便学员换位思考，短时间内就能找到解决问题的措施，或者通过角色表达有效舒缓自己的情绪，学会情绪表达的有效方式。

角色扮演在培训中属于行动体验阶段，一般在每个专题授课的后期使用，目的是增进学员对相关内容的理解和技能的掌握，所以时间分配不宜过长，应控制在10分钟以内。

情景（角色）说明

内训师要在培训课堂上营造出积极、轻松而安全的氛围，最大限度地保证学员自主自愿地参与表演。在仿真场景中，学员不是被动地观看，而是通过角色轮换、角色倒置等方法，亲身参与扮演特定的角色。除救场外，内训师不参与任何角色扮演。

分配角色时，内训师要给学员布置思考问题，强化角色扮演教学的目标感。如下面这个例子：[11]

某品牌女装公司下半年数月连续亏损，库存积压严重，营销业绩直线下滑。临近年底，总经理急于扭转颓势，召集中层管理者（行政结构见图3-1）商讨扭亏为盈的方案。学员需要根据该公司的行政结构图，分配不同的角色，并准备好相对应的发言。（见表3-2）。

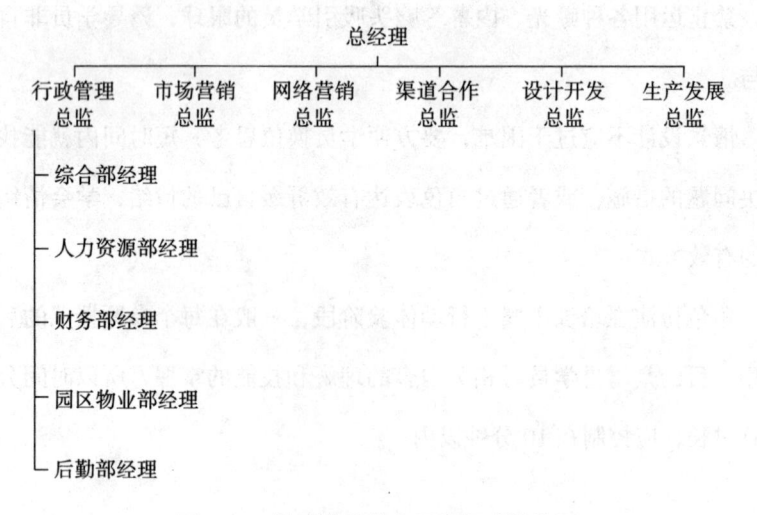

```
                              总经理
                                │
┌──────┬──────┬──────┬──────┬──────┐
行政管理  市场营销  网络营销  渠道合作  设计开发  生产发展
 总监    总监    总监    总监    总监    总监
  │
  ├─ 综合部经理
  │
  ├─ 人力资源部经理
  │
  ├─ 财务部经理
  │
  ├─ 园区物业部经理
  │
  └─ 后勤部经理
```

图3-1 某品牌女装公司的行政结构图

表 3-2 商讨方案中的角色分配及实施说明

角色	职务	岗位现状
1	总经理	根据公司现状，确保12月经营盈利，结合市场营销总监、网络营销总监、渠道合作总监3位的方案，做出最后的决定
2	市场营销总监	全国25家门店，18家亏损；受疫情影响，3家门店年底不能营业
3	网络营销总监	"双11"已过，电商平台直营店直播带货效果不佳
4	渠道合作总监	已开过新品发布会，原有经销商流失严重，短时开发新经销商难度较大
5	人力资源部经理	年底招聘难
6	财务部经理	成本支出较大，回款难

- 各小组依次上台完成角色任务，助教做发言计时记录，内训师享有最终仲裁权。
- 以小组为单位，6位学员自愿扮演相应角色，如有表演顺序等冲突，需抽签决定。
- 3位总监作为主要发言人，从本岗位工作出发给出可行性方案。每人各有3次发言机会，每次发言时间1分钟，超时中断发言。
- 总经理、人财两部经理，对于3位总监发言内容涉及本岗位现状时，应给予适当说明和补充建议。
- 发言内容应围绕如何使12月业绩扭亏为盈，方案应具有建设性，尽量减少超越岗位工作范围的意见。

寓学于乐的角色扮演过程

由于角色扮演法在培训中的贯穿式应用，内训师也要从培训的主角转化为幕后的导演和助演，做出无批判性的接纳，给予学员鼓励与包容，避免学员受到压力与伤害，且不随意打断学员的表演，对学员通过角色扮演所表现出来的价值观给予充分尊重。

尽管角色扮演的氛围是自由的，但内训师对课堂管理不能放松，要时刻保证对课堂的"统治"，掌控话语权，充分把握时间、节奏，以及何时合适地干预等。

由于培训场景和环境是仿照真实的场景设计的，所以学员能在课堂上感受、感知到现实场景的人、事、物等，通过沉浸在各种真实的表现、氛围和情绪中，学员能感受到自己扮演的角色、从事的工作、采取的行为，也能直接体验到在特定的场景中自我的行为方式和表现。这种体验让学员有身临其境之感，产生对角色扮演的兴趣与期待。最终，促使角色扮演法在培训课堂上寓教于乐、寓学于乐，达到活跃课堂教学氛围、提升教学效果的目的。

引发换位思考后的总结评价

角色扮演后的讨论，是达成培训效果最重要的环节。内训师应当作为协调者、引导者，与学员开展平等的交流沟通和深入探讨。讨论的问题要与具体演出紧密结合，并把课程的重点知识、难点知识充分灌注其中。讨论要有深度和广度，尽可能让所有学员都参与进来，特别是增加作为观众的学员的参与度，引导他们一起进行思考。

已完成角色扮演的学员通过对自我的洞察、理解和评价，重新审视、发现自己在特定场景下的自身优势、特长以及出现的问题，这种心理层面的换位思考和领悟收获，有利于其日后置身于正确的岗位和事务中。

角色扮演法的痛点早知道

在目前的培训教学中，角色扮演法取得了很好的教学效果，但仍有三个痛点问题需要内训师进一步探讨和研究（见图3-2）。

痛点	建议
讲演比例分配难	满足5个条件可增加"讲"的时长，减少"演"的时间
场景仿真差别大	将组织热点问题、新鲜事例加入场景，提前预习"剧本"
投入参与两极化	小班（30人以内）教学，人人参演

图3-2　角色扮演法的三个痛点问题及改进建议

第一个痛点，讲演比例分配难。一堂培训课的学时是提前限定好的，如果角色扮演要占用大量课堂时间，就会出现内容讲授与角色扮演时间的分配矛盾。我认为满足下列条件时，可适当增加内容讲授的比例，同时在角色扮演时多做引导：

新职内训师；

初次接受角色扮演教学的学员；

学员职级较高，年纪较大；

理性学员占多数；

学员主动学习和研究性学习能力较弱。

第二个痛点，场景仿真差别大。模拟仿真的情景，无论如何也不如组织实际工作中的真实场景。因为实验性质的模拟仿真，有意无意忽略了某些特定的影响因素，与现实差别较大。所以需要内训师在设计仿真场景时，提前在学员中做相关调查，了解他们关心的组织热点内容和组织内部最新发生的案例，之后将这些内容进行汇总并融入自己的培训课堂。这样做可以让学员对仿真场景产生亲切感，提高他们的学习兴趣，减少他们进入角色的时间并降低难度。

第三个痛点，投入参与两极化。参训学员彼此熟悉，甚至形成了一定的相处模式，可能会导致他们在培训中频频笑场，这也会给角色扮演造成一定的阻力。投入度较高的学员包揽所有扮演任务，上演"独角戏"；而投入度不足的学员逃避任务，完成扮演任务时投入不够，出现"搭乘顺风车"的现象。对此我的建议是，培训课堂最好能够限制人数，实行小班（30人以内）教学，在角色扮演过程中让每一位学员都有充分表现的机会。

生动有趣的游戏法

瑞典学者安德森·林奎斯特（Anders Lindquist）创造了游戏教学法（Play Pedagogy）的概念。培训课堂上的游戏与学习的关系被定义为目的性游戏（Purposeful Play）。它是按照培训目标，设计想象情境，带动学员达成任务的一种教学方法。

这里提到的游戏并不仅仅是一次智力行为，更是一段情绪充沛的体验。当然，它也是一种训练、一种预演、一种试探性的尝试。学员在课堂的游戏中感到愉悦，是因为大脑让他们对这种轻度训练感到舒适。

在游戏中寻找解决方案并不复杂。很多时候学员不是独自寻找，而是在团队中每个人情绪和智力的相互作用下，共同思考解决方案，找寻可以解决问题的不同方法。

这种教学方法的逻辑非常简单：在限制条件下，先设定一个小目标，再有一条清晰的路径，学员沿着这条路径主动发现，最终就能得到成果。内训师通过培训课堂的游戏部分与学员接近，发挥积极引导和催化的作用。

游戏法的特点

教法的趣味性。游戏好玩，就会对学员造成强烈的吸引力，能够激发学员的热情和参与活力。游戏法可以作为消耗学员多余能量、活跃课堂气氛的有效手段，它本身也是营造课堂学习气氛的好方法。很多时候，游戏法还承担着午饭后第一节课的重要任务。

教法的教益性。培训课堂的游戏都具有竞争性，学员很容易参与其中，关注竞争对手如何行动，确定最终优胜方案。在游戏过程中，学员受到启发和感悟后，内训师接着催化出具有教育意义的内容，便于学员回归岗位后更好地工作。

教法的简便性。游戏活动在正常情况下比较简短，3~5分钟即可完成；游戏法对空间和道具的限制较少，方便组织操作；一般课堂游戏不会让学员感到有压力，有时仅包含一条学习要点，其结果也可预见，因此在很多领域都适合。

教法的创造性。培训游戏的保鲜期是非常有限的，新游戏一旦重复出现，学员参与度就会下降。内训师要针对培训需求和对象做新的组合，不断创造、翻新游戏，使相同的游戏有不同的结论，相同的规则用不同的道具，相同的原理换不同的顺序。

破冰船、启示钟、传送带

培训游戏从功能种类上，可分为破冰船、启示钟、传送带三类。

破冰船。在培训开课之初，学员之间因为陌生而产生隔膜，彼此疏远，培训现场的气氛生冷，被形象地比喻成坚冰。破冰船是用来欢迎学员，使之能放松并放开自己，变得乐于与人交往、学习的一种培训游戏，它让学员有机会进入恰当的学习心理状态。这类游戏主要用于气氛调节、打破僵局、彼此熟悉、带动气氛、预先组建竞赛小组等。破冰船的游戏要轻松有趣，最好有简单的肢体接触，因为人与人的身体接触要远胜于单纯的语言交流和眼神沟通，可以拉近彼此的心理距离。

启示钟。组织内部培训不可能整堂课都开展游戏教学，所以需要内训师在合适的时间挑选合适的游戏。比如启示钟这类游戏，一般在课堂分享某个主题之前出现，主要用于对该主题的导入。启示钟游戏可以激发学员兴趣，为导入授课主题、活跃课堂气氛、使学员快速进入学习状态提供有效的氛围保证。

传送带。这类游戏一般出现在对某个主题的分享之后，用于培训内容的传递和对讲解不足的补充。传送带游戏的目的是强调课程重点，引导学员思考，实现做中学、玩中成长的目标。因为这种类型的课堂游戏耗时较长，所以需要内训师在运用时特别关注对时间的整体分配。

唯有分享，方能治愈

课堂游戏本身不会从表层就同培训主题相关联，学员也很难从表层深刻体会游戏的目的和内训师的意图。如果游戏后没有进行分享讨论，学员就感觉不到游戏和主题之间的关联，整个游戏的练习就白费了。因此，内训师对游戏后的讨论和分享的催化，直接影响到了学员的学习质量。

在游戏的教学过程中，学员往往会经过具体体验、反思性观察、抽象概括和积极实验四个阶段（见图3-3）。

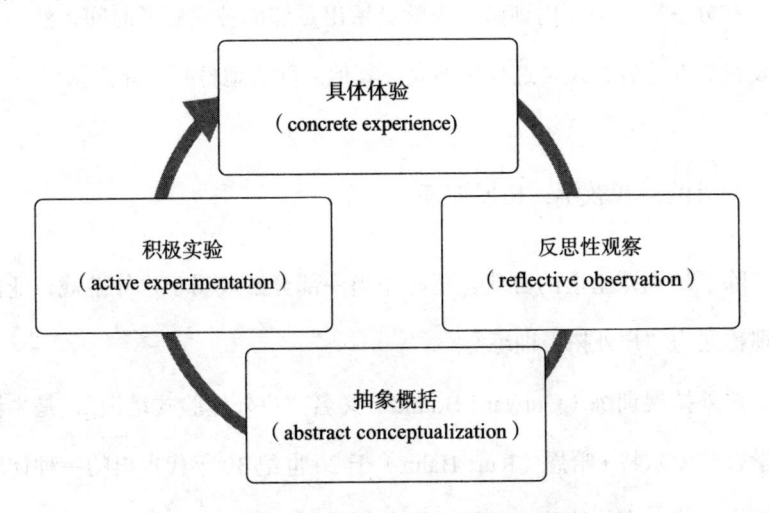

图 3-3 课堂游戏中学员经历的四个阶段

分享就是学员反思性观察、抽象概括后的结果，是将游戏的具体体验进行思考，转化成知识的过程。从我以往的经验来看，分享环节中高职级的学员联系实际、从抽象概括的居多，感性学员、新入职员工从情感体验出发谈收获的较多。

如果游戏涉及组织管理目标，则需要内训师进行更为积极的引导。比如在游戏开始前，内训师便针对问题进行限定，并把其拆成若干个小题目，分给不同组的学员。分完后内训师还要给予学员深入、细化的说明，让他们带着精细的问题投入到游戏当中。游戏结束后，同组成员先开展讨论分享，让每个组产生"小题目"的"专家"，之后每组"专家"成员轮流介绍自己小组的分享结果。这样每个学员都能对游戏前的问题各方面有所了解，分享内容时就会比较聚焦。这就好比拆开的拼图碎片又合在了一起，构成一个新的、完整的拼图。

在分享环节中，内训师应为学员留出足够的独立思考时间，然后轮流发言 2~3 分钟，发言过程中不允许其他人随意地打断或评论。

户外的游戏教学：拓展训练

除了培训课堂里的游戏，还有相当一部分游戏属于户外游戏，业内习惯称之为"户外拓展训练"。

户外拓展训练（Outward Bound）又名"户外体验式培训"，是牛津大学教授库尔特·哈恩（Kurt Hahn）于 20 世纪 30 年代提出的一种体验式教学模式。户外体验式培训是指在拓展师的指导下，学员通过参与户外活动，共同交流、分享经验、反思行为、提升认识、磨炼意志、完善人格、熔炼团队的培训方式。

户外拓展训练主要分为场地器械训练和野外生存训练两大类（见表3-3）。

表3-3　户外拓展训练课程的内容设置

训练方向	课程	课程内容
场地器械训练	高空项目	天使之手、空中抓杠、天梯、空中缅甸桥、空中独木桥、毕业墙
	场地项目	群龙取水、驿站传书、空中传人、欢乐索道、无敌风火轮、穿越电网
野外生存训练	野外项目	野外寻宝、野外露营、徒步、真人CS

户外拓展训练借助精心设计的特殊环境，以户外游戏的形式让参与者进行体验，从中悟出活动所蕴含的理念，通过反思获得知识，改变行为，实现可趋向性的目标。

目前，这种教学方法已经被越来越多的学校、企事业单位、机构认可，列为其组织内部的培训项目，甚至成为新职员工入职、组织文化团建的必修课。因其特殊的游戏手段及良好的培训教学效果，户外拓展训练一度成为国内众多培训项目中较为流行的培训教学法之一。

提升学员分析能力的案例教学法

案例教学法（Case Teaching Method）起源于19世纪70年代的哈佛大学法学院，后经哈佛大学商学院的教授克里斯托弗·哥伦姆布斯·朗道尔（Christopher Columbus Langdell）推广应用并获得成功，逐渐成为一种风靡全球的教育培训模式。

案例教学法是根据培训目标,以学员为中心、以案例为基础、以问题为起点、以讨论为手段,引导学员对该情境进行分析探讨的教学方法。并非使用案例进行教学就是案例教学法,它与举例法、个案研究法、范例教学法的相同之处是都要引用实例;区别在于实施过程完全不同,案例教学法中的案例是培训教学的主线,是学员获得认知的根本载体,导入、讲解、讨论、对话、总结等具体教学过程,都要以案例为基础进行展开。

一个好的案例不是简单而机械的课堂陈述,它能够揭示丰富的现象,给学员提供一个充满目的性、需要深入思考的复杂环境,使学员可以在一定的框架内对现实问题做出判断。案例教学法的核心在于案例的选取与讨论。

案例选取:"案"中作"梗"

case,是"案例"一词的英文表述,意为事例、事实、例子、个案、个例等,表达出客观事实的基本情形和状况。如今,案例不仅包含对基本事实的描述,还包括内训师根据培训目的和主观理解所选取、改编加工整理的内容。案例的载体可以是视频、图片、文本等资料,也可以是内训师的口头陈述。

案例的选取要满足两点要求:第一点是选择组织真实发生过的案例,第二点是案例的材料信息要尽量丰富,不要过于简单。案例要包含组织真实事件中的人物、过程、困境等,这是分析、讨论、决策、行动的依据；材料信息的丰富，体现在案例中的复杂、迷乱、模糊、矛盾、两难的"梗"上。这些问题和困境的"梗"未必会给学员造成"认知失调"，但一定能激发他们的学习兴趣。

受课堂时长限制，培训中往往采取"一例贯穿"模式——以一则案例为主贯穿整堂课。这里的一，是指案例要能体现主线的质量，案例文字表述应避免赘述，300~500字的"浓缩体"即可。

选取案例时，内训师要预判哪些内容存在信息不足的"陷阱"，并在课前设计问题和课堂引导讨论时尽可能避开这些陷阱，以免引起学员的困惑，使学员陷入被动，影响更深入的讨论。内训师可以提前设计好要讨论的问题，但绝对禁止提前预设问题的答案，如果案例讨论被限定在预设好的答案中，那么学员的探究意识和创新思维就无法发挥出来。不要在乎学员能否答对问题，因为案例本就没有对与错的标准答案，内训师更应该在乎学员是否进行了认真的思考。

挑起学员争论

案例教学法的灵魂在于"矛盾冲突"，在案例讨论中一定要有观点交锋，才能激起学员的参与兴趣。除事前设定的"不能确定、如何解决、进退两难"等可能引发争论的问题情景外，内训师往往还要采取必要策略，挑起学员之间的争论（见图3-4）。

投票表决后，让其反转观点进行讨论；

支持少数派的观点；

让发表不同观点的双（多）方直接争辩；

为争辩落下风的一方提供智力"军火"。

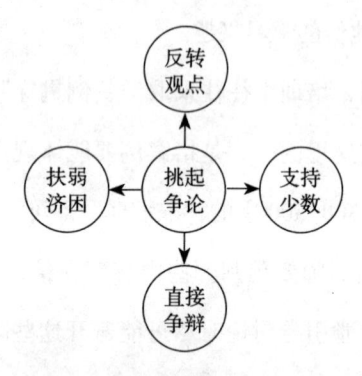

图3-4 挑起争论的方法

除此之外，内训师还要安排好问题的提出顺序：先提什么问题，再提什么问题，如何从一个问题过渡到另一个问题。通过抛出一个个的问题，内训师就能牵着学员的鼻子走，既能保持争论的持续，又能引导学员在争论中有条理地思考，并得出最终结论。

讨论过程中经常会出现的种种出轨和意外情况，不符合课前预设，这是学员真实状况的体现，内训师不必对此过于紧张。只有学员迸发独特的想法、出现错误的回答，才会产生宝贵的生成性课程资源。此时，内训师应该抓住机会，及时调整教学节奏，将课前充分预设和课堂实际情况有效调控结合起来。

案例教学可以提升学员的分析能力

案例教学法坚持问题导向，以真实发生的组织内部案例为教学内容，经由师生、生生之间的讨论、反思，提高学员在模糊、不确定或两难情境下分析问题、解决问题的思维意识和实践技能。联合国教科文组织曾对流行于世的九种管理教学方法进行功能调查，其结果显示：案例教学对学员分析能力的提升居于首位。[12]

此外，与记忆培训教材的"死知识"相比，案例教学更注重考查学员对知识的应用情况。在培训实践中，案例教学可以分为案例选择、情景创设、任务设定、角色分工、过程讨论、点评讲解等六个步骤。

案例教学的展开方式主要有以下三种：

开场提示式：在一节培训课的开场就呈现相关案例，进行展开讨论的间隙引入知识点。

总结升华式：在讲解完知识点后引入案例，让学员加深对知识点的理解。

首尾呼应式：培训开场交代案例，留下问题让学员思考，在讲解完知识点后再针对案例进行分析总结，提升学员的学习效果。

案例的结局往往可以拓展出更多的思考问题，便于学员将所学知识进行深层思考，并在日后的工作中学以致用。

"瑜""亮"之争：案例教学法与行动学习法

案例教学、行动学习（Action Learning）、角色扮演、模拟教学等均属于情境教学模式。其中，案例教学法和行动学习法经常被拿出来进行比较。

行动学习是"一个以完成预定的工作为目的,在同事支持下的持续不断地反思与学习过程。行动学习中,参加者通过解决工作中遇到的实际问题,反思他们自己的经验,相互学习和提高"[13]。

行动学习最早由英国管理大师雷格·瑞文斯(Reg Revans)教授于20世纪40年代提出,初期主要应用于企业的高级管理者培训。后来,随着美国通用电气公司对引入行动学习成功经验的推广,以及学者们对行动学习理论研究的兴起,行动学习开始在管理培训领域盛行。

由于使用过程中的资源限制、实施变形及方法本身的局限性,案例教学法与行动学习法在应用效果上也瑕瑜互见(见表3-4)。

表3-4 对案例教学法与行动学习法的比较

	案例教学法	行动学习法
起源	19世纪70年代的美国	20世纪40年代的英国
教法本质	做中学	干中学
学习目的	仿真事件的分析应对	行动过程的学习
问题来源	外界预设	自我行动觉察
讲师角色	主导者、推动者	引导者、催化者
实施形式	相对简单、易于掌控	复杂、资源要求高
关键能力	分析、判断与应用能力	解决实践问题能力

案例教学法相关实践经验分享

对于案例教学法,我有几个实用的实践经验,下面分享给大家。

第一,最好把学员人数控制在30人以内,将教室内的座椅布置成马蹄形（见图3-5），这样有利于学员在课堂上观察到其他学员的反应，方便进行面对面的讨论。

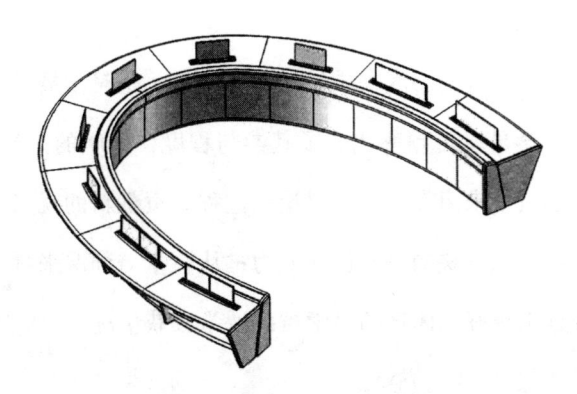

图3-5 马蹄形座位示意图

第二，培训前，学员在阅读案例时，应尽量掌握三个方面的内容：第一个方面，确定案例中的主要人物面临的机会和挑战，以及抓住机会或应对挑战需解决的关键问题；第二个方面，阅读各级标题并浏览表格，记录有助于分析问题的信息；第三个方面，确定给案例主人公的建议，回答案例后的问题。

第三，在案例讨论时，内训师不要被讲台"囚禁"，要脱离讲台的范围走到学员中间去，为师者的形象添加一点活力，挤掉些许"温文尔雅"，极具动感的身影有助于学员全程保持注意力的高度集中。

第四，面对学员紧张热烈的讨论，内训师来不及有任何照本宣科的行为，甚至连偶尔看看提示也显得不那么容易。这需要内训师课前准备充分，将内容烂熟于心，摆脱对课件的依赖，才能确保脱稿后也可以自如授课。

第五，内训师通过学员的发言了解讨论的效果，并对学员讨论出的各种解决方案逐一进行点评，但一般不指明或暗示内训师心目中青睐的解决方案。

第六，学员发言的态度、质量和表现趋势，是对学员进行评价的三个重要标准。学员发言频率代表了其参与程度，反映的是学员的态度；能否为其他学员带来启发、推动讨论的进程、贡献新的观点，体现的是学员的发言质量，反映的是学员的能力；从整堂培训课来看，学员的表现趋势是否越来越好，体现的是学员的课堂收获情况，反映的是学员的学习成果。

步步为营的实操教学法

教学方法，顾名思义，就是教的方法、学的方法，它不仅来自教育教学，也可能起源于劳动劳作、军事训练。这一节介绍的实操教学法，就来自军事人员的操练四步法：

第一步：预习，先看教官做。

第二步：讲解，教官向士兵分解动作要领。

第三步：试作，根据教官的讲解模拟动作。

第四步：纠偏，将试作的结果与标准规范做比较，纠正错误的地方。

为了实现培训课程的具体目标，内训师所采用的实操教学法是通过动作操作（工具使用）、训练、纠正等措施和方法，对学员进行行为操作指导的方法。而在组织培训中实际操作的工具，多是现实工作中的实物。工具实操法的优势在于讲解形式较简易，操作过程易掌控，学员有大量的参与机会。不足之处在于无法兼顾全体学员，有些费时费力。

凡是岗位操作类的培训，大多采用这种教学方法。实操教学法是一种综合性的教学方法，一般分为六个步骤进行（见图3-6）。

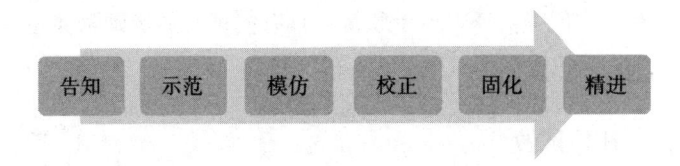

告知 → 示范 → 模仿 → 校正 → 固化 → 精进

图3-6　实操教学法的六个步骤

告知，说给他听

这是言传的起点：口头讲解，分析动作要领，通过语言给学员传授知识、渗透思想。内训师不但要告知学员教什么、过程是怎样的，以及为什么要这样，等等，还要让学员感到动作（工具）的操作使用与其自身利益息息相关。

示范，做给他看

在实操教学法中，师生之间的技艺交流更接近于"师徒"之间的传承互动。示范的核心是以"手"为主导的教学实践方法。"手"既能操控工具，又代表着实施工艺的"手法"。这里的"手法"即方法，内训师在授课过程中对"一招一式"的动作示范，都是自身从业经验的直接表达。这个阶段"手法"的示范作用和效果是大大超越了"言传"的。

此外，还有"情感"方面的示范。在示范"手法"的同时加入友好、耐心与激情等感情，有利于师生关系的良性互动。有研究证实：那些遭遇单调、重复、枯燥的技术学习生活的人，之所以能坚持下去，往往是因为有一位值得信任、给予欣赏、具有同理心的老师陪伴左右。

模仿，让他试做

初学者最好的学习方式就是模仿。内训师可以让学员模仿自己的动作，观察每个学员在步骤上的操作，还可以要求学员同步解释自己的每个操作细节，这样就可以看出学员是否真正了解动作操作和对工具的使用情况，也可以看出学员的理念正确与否。

在模仿中也应注意把握"度"——过多的模仿练习会使学员产生心理疲劳，对模仿练习产生厌倦情绪，必然造成心理上的逆反，从而影响学习效果。此外，大多数人对以身示范的模仿比较容易上手，在模拟操作时没有什么障碍，容易造成学员思想过于放松，甚至有时处于不动脑筋的被动接受状况，需要内训师在培训过程中加以重视。

校正，告诉他如何改进

学员在模仿中发生错误时，内训师要在现场及时纠正，直到学员的操作规范为止。

内训师的校正是在促进学员成功。只有不断获得成功的学员，才能从模仿的失败和错误中学习。在正确操作中，学员成功的最大影响因素不是智力，而是其自我控制的"分寸"。想要有效地自我控制动作、工具，可以通过提高专注力来实现，当学员把注意力集中在动作和工具上时，就是在加强大脑中产生自我控制的区域。因此，校正阶段提高注意力是增强学员自我控制动作、工作的具体策略。

内训师的校正不是对学员操作结果的比对，而是对操作过程的观察与纠正。需要内训师注意的是，校正必须确保操作过程中学员的专注力不能"掉线"。

固化，帮助他形成习惯

对于学员的操作来说，熟练是最重要的。动作操作的规范习惯是通过不断重复而养成的。多次反复进行同一个动作，就可以提高这部分的技能水平。

前四步"机械"的训练就是不断地重复某个动作信息，从而将信息保持于短时记忆中，以利于"动作编码"成为长时记忆。"如果没有重复训练或持续关注，新信息在工作记忆中只存储15~20秒。对于短时记忆，大脑很难保留大块的信息。"[14]

重复的检查可以确认学员是否采纳正确的方法进行操作，是否经过长期的工作对规范化的操作变得生疏，或者是否因其他的干扰而让动作产生了差异。因为学员在持续反复做同样的动作时，往往会淡化或遗忘一些标准，使自身动作在不知不觉中变异，所以需要重复地检查。

精进，鼓励他自我突破

熟能生巧，是在不断重复中体现学员自身价值的教学实践。操作中所有精巧的行为都是大量刻意练习的产物，即便是不灵巧的人也会在多次重复同一动作后形成习惯，在工作中掌握技巧。

在学员养成稳定的工具操作习惯后，内训师可以基于学员所取得的成绩做一些正面的鼓励，让其因为成就感而创造出新的工作成果。

课堂问答设计

通过提问,活跃学员的思维

回顾一下我国教育实践的历史你就会发现,问答互动这种培训教育形式早已存在。先秦时代,自由、平等的对话形式广泛地应用于各个领域,并记载于不同学派的哲人和思想家的著作中。最典型的要数儒家学派的经典著作——《论语》,其部分内容就是问答互动的形式。在培训教育的情景下,一般是老师对学生循循善诱,择机启发。而在孔子的"课堂"中,时常会以学生提问为主,老师则以回答者的身份出现。

春秋战国时代留下的诸子百家的典籍,其中有一部分是问答对话体,语言生动活泼,形式不拘一格。它们涉及人生哲理的探求,治国安邦的方略,对军事、政治、经济、文化、外交的对策,修身养性的经验等不同的领域。

在如今的培训课堂中，问答互动依然是"主角"，它与课堂独白一起组成了重要的教学形式。课堂独白是内训师（学员）在课堂上分享自己的看法或感悟，学员（内训师和其他学员）作为听者；问答互动则相反，讲话是在内训师、学员之间不断交替进行的，包括三种情况：内训师提问，学员应答；学员提问，内训师应答；学员提问，其他学员应答（见图3-7）。

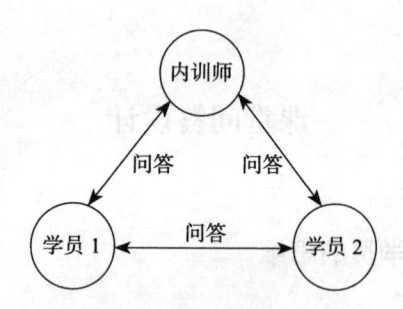

图3-7 培训课堂问答的三种情况

O.F.博尔诺夫（O.F.Bollnow）认为："对话的空间首先是由提问来开辟的，随后由答语来划界。"培训中提问的主动权大多掌控在内训师的手中，由其来引导、控制问答的时机和方向。

向谁提出、怎样提出

在培训课堂上，提问一般由两部分组成：（向谁、怎样）提出、问题内容。其中，提出的指向和方式是问题内容的一种表达形式。

从对象指向性来看，提问可分为特定提问（某个学员、满足某些特定条件的学员）和群体提问。如：

> 内训师：请××回答一下，应聘者在入职面试中常犯哪些错误。（特定某人）
>
> 内训师：请第三小组的学友给我们分享一下，应聘者在入职面试中常犯哪些错误。（满足某些特定条件的学员）
>
> 内训师：请入职三年以上的招聘主管告诉大家，应聘者在入职面试中常犯哪些错误。（满足某些特定条件的学员）
>
> 内训师：请大家告诉我，你在入职面试时犯过的最严重的错误是什么。（提问对象为全体学员）

群体提问，要考虑答问者的情况，提出回答内容尽可能简单的问题。任何答问的七嘴八舌、乱七八糟都会让课堂秩序难以稳定、培训内容难以聚焦。

很多时候，提问不仅表达了提问者的疑惑和需要解决的问题，还表达了提问者的观点和意见。从培训教学的视角，我们可以将提出问题的方式归纳为三类：试探性提问、实质性提问和修饰性提问。

试探性提问。这是内训师在培训中最常见的提问方式。内训师已经知道某一问题的答案，而把该问题提出来，以便了解学员是否也知道这个问题的答案。试探性提问从已知结果出发，目的在于探测学员在此领域的知识和技能水平。

实质性提问。提问者不知道或不能确切地知道问题的答案，通过向答问者提问获取答案。它的目的是探索未知，寻求正确的解答，获取有关知识,通过已知条件去探寻未知。学员在课堂上多采取这样的提问方式。

对比试探性提问和实质性提问可知,它们在问题答案、测试对象、使用主体等方面都有区别(见表3-5),在使用时需要根据培训课程的特点和对象的不同,选择合适的方法。

表3-5 对试探性提问和实质性提问的比较

	试探性提问	实质性提问
问题答案	提问者已知	提问者未知
测试对象	答问者	答案
使用主体	培训师	学员

修饰性提问。内训师使用修饰性提问,既不是为了获取问题本身的解答,也不是为了测试答问者,而是通过提出问题表达自己的意见、观点甚至情绪,以提请答问者注意,达到加强表达修饰的效果,通常不强制要求答问者回答。比如:

表示责难:一个小时的培训只讲了40分钟就下课,怎么会弄成这个样子呢?

表示确认:为什么不呢?

表示肯定:将碎片化的知识进行归纳升华,难道不是内训师应该做的吗?

表示提示:像这样学习能力低下的人,还能成为企业的内训师吗?

问题内容：垂钓和射击

思维学家习惯于"观物取象"，他们将提出的"问题内容"视为垂钓和射击。

垂钓问题，就像把诱饵放在鱼钩上，并不清楚会钓上什么东西，可能是鱼、蛙、蟹，也可能是旧靴子……学界又称它为开放性问题（Open-Problem）。

开放性问题是指那些不止一个答案或答案不确定的问题。如内训师的使命是什么，什么是培训，等等。对于这类问题，每个人都能根据自己的理解，给出程度不一、角度不一、水平参差的答案，且这些庞杂的答案都可能在答域范围内，具有结论的开放性和对话的开阔性。同时，它的回答不是通过简单的记忆复现得出的，而是要经过"曲径通幽、柳暗花明"的思维旅程才能得出，具有认知复杂性。所以，开放性问题可以通过多种认知方式和途径来探求答案，这就是所谓的条条大路通罗马。

射击问题，像瞄准一个目标射击，要么击中，要么不中，也可以称作封闭性问题（Closed-Problem）。它具有一个或少数几个确定性的答案，思维障碍小，指向明确而专一，学员能够从已经学过的知识、过往的岗位经历中直接找到答案，常常只需要回忆、复述和再现，就能确保比较顺利地进行问答交流，且不易偏离话题。

对于开放性问题和封闭性问题，具体比较如下（见表3-6）。

表 3-6　对开放性问题和封闭性问题的比较

	开放性问题	封闭性问题
答案的确定性	否	是
思维的复杂性	障碍大	障碍小
话题的稳定性	易偏离	较聚焦
对话空间的拓展性	较高	较低

对于如何使用好这些问题，南京师范大学教授、人民教育出版社特约编审黄伟认为："问题是支持教授过程和学习过程的工具。在使用问题时，要做的第一个决定应该是你这一课要教的是事实、规则、动作序列，还是概念、模式、抽象理论。如果你的目标是前者，那么，你问的应该是识记、理解和应用层次的封闭性问题；如果你的目标是后者，那么，你应该提出分析、综合和评价层次的开放性问题。"[15]进一步分析的话，文化类、操作类的课程使用封闭性问题居多，技术类、原理类的课程使用开放性问题效果会更好。

很多时候，当你用错了问题类型，你的问题就很可能因为缺乏逻辑而从封闭性问题跳到开放性问题，或者在知识的简单回忆和概念及模式的习得之间徘徊。

你的问题如果模棱两可，就会让学员觉得非常不适应，并拉低整体授课效果。因此，课前需要决定好你的问题策略是什么，以及你的课程类型是什么，进而选择合适的问题类型，这是你非常重要的准备工作。

提问，要激发学员思维

在培训教学中，当学员所拥有的知识、方法、岗位经验等在客观上不足以解决新的教学任务时，就会产生某种思维困窘的状况。

课堂意外的思维困窘总是使学员感到惊异、困惑、有压力，这会促使他们主动进行智力探索来进行自我解救。

有时候，内训师为了了解学员掌握知识的程度而连续不断地提出问题，要学员用已有的知识做出回答，这种问题即使是复杂的、重要的，也可能无法激起学员的积极思维活动。因为在"大脑仓库"中寻觅现成的信息，并不会使脑力紧张工作。

只有答案既不存在于学员以前的知识之中，也不存在于内训师所提供的信息之中，才能够引起学员们的智力"困窘"。这样的问题包含着其尚未认知的事物、未知的领域和新的知识。为了获得这些新知识，学员必须进行某种思维活动和一定的智力探索。

苏联学者马赫穆托夫在《问题教学》中认为问题要满足以下三个条件，才可以激发学习者思考：

建立链接——与以前掌握的概念和观念有逻辑联系。如去解释现象、事实及它们之间的联系。

认知设限——必须使问题具有认识上的难度。

情感反应——使听课者在将新、旧东西进行对照时产生惊异感，感到现有知识、技能和技巧的不足，有进一步思维加工和探索的必要。

不难看出，培训教学中富有成效的提问，就是以启发学员思维参与、发展认知能力为核心的对话互动，而对话互动的焦点是开放性的、有思考含量的问题。

应、答本是两回事

培训课堂上有提问，就会有应答，它们是相互依存的关系。

应和答本是两回事，"应"（antwort，answer）是紧随问话之后的态度应对，而"答"（replik，rejoinder）是用言语和行为做出与问话相关联的回应。只有满足了"紧随（提问）之后、与问话相关"这两个条件，才能称作"应答"。

应答要遵循合作原则

在培训中，不论是内训师还是学员，对提问的应对都应遵循合作原则。应答中的合作体现在以下四个方面：

提供数量充足而不多余的信息；

有信息质量保证，不提供虚假或没根据的内容；

与现实的意图相关，不能远离话题，东拉西扯，不着边际；

对话要清楚明白，简洁而有条理，不用冗词赘句。

培训课堂上各种姿势的"答非所问"，按照美国语言学家 H. 保尔·格赖斯（Herbert Paul Grice）的观点，都是违反合作的数量（quantity）、质量（quality）、关联（relation）和方式（manner）原则的。如：

内训师：在供应链金融风险管理中，涉及六个关键变量，哪位

第三章 课堂设计——内训师的生存标配

学员能给大家分享一下，这六个变量分别是什么？

学员甲：债项评价的准入体系、操作平台、动产担保物权、风险预警、应急预案、合作监管方、核心企业信用。

学员乙：应该是对公业务经理的自律、授信资产的选择、后台部门的支持吧。

学员丙：老师，下课时间到了。

学员丁：从供应链金融的概念理解就可获知风控关键变量。对供应链内部的交易结构进行分析，运用自偿性贸易融资的信贷模型，引入核心企业、物流监管公司、资金导引工具来进行风险控制，对供应链的不同节点提供封闭的授信支持及结算、理财等金融服务，风控关键变量就在这里！

学员甲的回答为七项，与提问中的内容数量不符，有违应答合作的数量原则。

学员乙的答案缺少依据，有主观臆测表现，违反了应答合作的质量原则。

学员丙的应答与提问内容没有相关性，言不切题，搪塞转移，违反了应答合作的关联原则。

学员丁的应答则是表演的"味道"过浓，既给大家上了一堂有关供应链金融的"概念定义"课，又展示了自己对"供应链金融"的专业认知，其实是啰嗦过头了，什么也没答上来。所以，他的回答有违应答合作的方式原则。

应答不合作的课堂表现

在培训课堂的应答中,不但常常出现违反合作原则的答问语,而且还存在课堂应答不合作的情形。表现为:

沉默。听到提问者提问和指名后,不予理睬、呆若木鸡、三缄其口。

拒绝。听到提问者提问和指名后,口头表示"我不知道""我不会"等。

躲闪。听到提问者提问和指名后,东拉西扯、转弯抹角、搪塞应付。

误解。有应答的愿望,但未能实质性应答,对问题理解有误而言不切题。

那么,课堂问答的冲突是怎样造成的呢?

我对课堂提问不应答的情况进行了调查,发现有几个普遍的原因:

不知。没有认真思考或不思考,不知道答案为何。

不敢。怕回答错误,受到培训现场师生、同事的嘲讽,不敢回答。

不愿。认为提问太简单,不值得在此问题上纠缠,所以不愿意回答。

不能。提问太宽泛,无法回答,也不知从哪里答起,从哪里回答都不满意。

不会。提问太复杂,颇具深度,不会回答。

不便。思考时间仓促,答案尚未形成,而不方便回答。

在这些原因中,不知、不敢与培训学员的心理有关,不愿、不能、不会、不便都与提问的内容和问题的表述相关。也就是说，导致应答不合作的情况出现，大部分原因出在提问的一方。

选择候答对象和时间

应答前，内训师的等待是一种宽容、友好、体谅的表现。这种给予时间和心理氛围的资助，在培训中称作"候答"。良好、宽松、和谐的候答氛围，有利于学员做深入的、个性化的思考。

内训师在提问后的候答中，应该邀请哪些学员做出回答呢？候答的时间如何掌握？注意事项又有哪些？

人体动作学的研究发现，交流中的运动和姿势能够反映出听者的想法或情绪，与听者目光的接触，更能传达出其对问与答的期望与兴趣。

所以，内训师在选择候答对象时，可以先环顾一下课堂，重点观察学员的面部表情和身体动作反应，之后按照你的培训课程安排，选择合适的学员进行回答。

在培训课堂中，内训师不要怕冷场，特别是在提出一个问题后要求回答的等待时间里。有个别的内训师为了追求培训互动的流畅性、体现课堂对话的热烈感，喜欢在提问后应答前的时间里絮絮叨叨、喋喋不休地重复问题或引导答案，希望学员能争先恐后地发言；或者怕耽误时间而匆忙地催促追问，甚至干脆代答、应付了事。这对培训现场学员的深思熟虑、充分权衡绝对是弊多利少的。

内训师应为学员留出足够的候答时间，便于他们有充分的时间深入思考，产生更高质量的答案。一般来说，从提出问题到要求回答的等待时间约 3~4 秒。如果是一个开放性的问题，就需要学员全面考虑并对各种可能的答案进行权衡，那么 15 秒的候答时间也是恰当的。

内训师应答的六种方式

当内训师把提问的方法教给学员、把提问的空间让给学员、把提问的权利还给学员时，学员的提问也会纷至沓来。这时内训师面临的状况是：我应该如何应答？

学员手中就像捧着一面"镜子"，要照一照内训师应答的态度和水平。"照镜子"的结果又直接且深刻地影响着他们提问、应答的热情和质量。所以，内训师在回答问题前，一定要慎重一些，不要过于随便。

对于学员的提问，内训师大体有六种回答的方式：

直接式回答。 直接回答参训学员的提问，这是内训师应对学员提问最常用的方式。

延迟式回答。 对于学员所提问题，内训师并不清楚、无从回答，承认自己缺乏这方面的知识，待自己查阅有关资料、进行相关研究后再给予分享。

界定式回答。 不直接给出答案，而是以答代问，界定问题的领域或前提、分解问题过程框架，在学员给予的回答基础上深入思考，探寻答案。

喻证式回答。通过比喻与答案主体内容建立联系，提供启发，提示一些思考与探求问题的思路和方法。

转移式回答。以答代问，反问提问者，由其代答，或让培训现场其他学员助答。

重复式回答。以答代问，通过重复学员的问题，进一步确认其提问的内容，为自己赢得思考时间。

内训师要将提问与应答汇合融通，使每一次提问都是认知的破茧而出，每一次应答都是思维的化蛹成蝶。通过问答走向对话互动，飞向智慧的百花园，使学员得以提高素质能力，并进入一个新的境界。

遭遇质疑、挑衅和尴尬的现场问答应对策略

在大多数教育教学中，教师处于强势地位，学生处于弱势地位，表现为明显的话语权不对称。正是因为有了这些优势，教师在课堂教学中常常处于核心地位，进而演变为话语上的"霸权者"。

企业培训课堂的教学双方，既是师生，又是同事，甚至可能是上下级、雇用与被雇用的关系。内训师话语权的掌控、分配，很难比肩教师，当面对学员的"兵临城下"时，很多内训师只能被迫把话语权拱手相让。问答作为培训掌控现场的有效武器，可以在内训师遭遇课堂质疑、挑衅和尴尬时，发挥维护教学秩序稳定的作用，使培训教学顺利进行下去。

质疑降临

我们能成为企业的内训师，原因并不是我们的知识储备比学员多，而是我们在某个领域（课题）比学员学得精、钻得深、悟得高而已，如果离开这个领域（课题），那么我们无疑也是"菜鸟""小白"。况且，成年人的培训内容往往结论不唯一；教与学之间也会有观点、认知上的分歧；学员的年龄阅历、从业经历、智力精力、学习吸收等都会有所差异。所以，质疑总是会降临的。

在遇到学员质疑时，内训师有以下几种应对策略：

重复回顾。复现讲授内容，或进一步举例说明、提问、引导，让学员的理解跟上进度。它常针对学员因理解消化慢而产生的质疑。

回避搁置。选择无视质疑存在，通过减少双方接触来搁置问题，消除分歧。它常用在对内训师个人习惯、风格的质疑，以及通过质疑内训师来吸引其他学员注意，或转移关注掩盖不足的情况。

解释缓和。面对与学员存有分歧的观点，不争夺优劣长短，不占用课堂时间，不恃师强凌生弱，为教学分歧留下课后研讨的空间和机会。它常用在因观点分歧而产生的质疑当中。

退让示弱。它常用在"高人"出场质疑时。可邀请其上台，就其擅长且与课程相关的内容为课堂中的全体学员做分享，以虚心求教达到教学相长的效果。

学员的质疑往往是内训师课程改进的拐点、进步的起点、赢得学员尊重的转折点。恰如其分地应对质疑，可以让内训师成长得更快。

遭遇挑衅

质疑一般指向内容、方法、观点，挑衅则更多针对内训师本人，即所谓的对人不对事。质疑和挑衅，多是以向内训师提问的方式启动的。值得我们注意的是，挑衅大多有备而来，内训师往往是没准备地接招。这时，其他学员都会坐观其变，处理得不好，立马会嘘声四起。应对得法，才能摆脱困境，化腐朽为神奇。

下面，我们通过图3-8进行阐述。

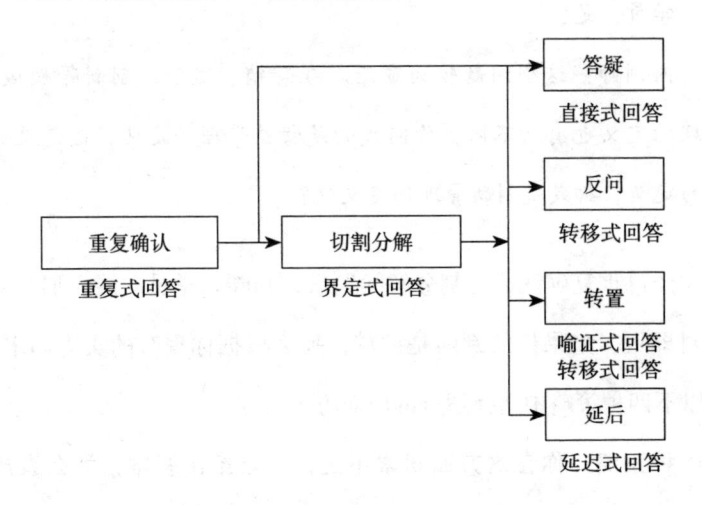

```
重复确认 → 切割分解 →  答疑      直接式回答
                       反问      转移式回答
                       转置      喻证式回答
                                转移式回答
                       延后      延迟式回答
重复式回答  界定式回答
```

图 3-8　应对学员质疑的方法及步骤

当遭遇学员挑衅（质疑）的提问时，内训师可以以答代问，比如对封闭性问题进行内容的确认，同时争取思考和应对的时间——边问边做判断：挑衅还是质疑？

学员：什么是管理？

内训师：你问的是管理的定义或概念吗？

学员：是！（不是，我想问的是……）

如此时你仍不能判断是挑衅还是质疑，那么可以进一步界定前提，分解问题。

学员：什么是管理？

内训师：你问的是管理的定义或概念吗？

学员：是！

内训师：这个问题较为宽泛。在营销、服务、创新等领域中，管理的定义也有所不同，你问我的是营销管理的定义，还是服务管理的定义，抑或是创新管理的定义呢？

当你经过重复确认、切割分解问题后，判断是学员质疑，那么参照上文应对即可。如果你的判断是挑衅，那么根据你现有的实力和水平，可以在以下四种策略中选择适合的应对方式。

第一种策略：你在这方面积累不足，很难给出答案，那么直接拒绝，但要给其留下退路。

学员：什么是管理？

内训师：今天的课程内容并不涉及这一内容，如果你有兴趣，我愿意课下和你分享。

或者：

内训师：你的提问引起了我的兴趣，但我对此没有研究，待我研究之后再与你分享，你看如何？

第二种策略：你在这方面有积累、有实力，可以给出答案，并能在阐述答案的过程中展示自己的实力，对其产生威慑，让其知难而退，放弃挑衅。

学员：什么是管理？

内训师：你问的是管理的定义或概念吗？

学员：是！

内训师：管理的定义很多：亨利·法约尔（Henri Fayol）认为管理就是计划、组织、指挥、协调、控制；彼得·德鲁克（Peter F. Drucker）认为管理就是发挥他人作用达成组织目标的活动。你认为哪个定义适合你的问题呢？

第三种策略：你在这方面有一定的积累和周旋的实力，可以以答代问，把问题回传给挑衅者，让其自己消化。挑衅者能够助答自己的提问，无论回答质量如何，你均需给予正向的鼓励，安抚其情绪，消弭挑衅动力，如能将其"高高挂起"，置于群体关注、监督下则更好。

学员：什么是管理？

内训师：我对你问的内容也不了解，你愿意给我和其他学员分享一下，你对这个问题的理解和思考吗？

学员：我认为管理就是……

内训师：你的回答不但专业，还有个性化的思考，让人钦佩，更值得我们学习，把掌声送给他。（掌声……）

内训师：你能做自我介绍吗？让我们大家都认识认识你。

第四种策略：你在此问题上实力强于积累，有周旋的经验和耐心，可以现场借助其他学员的支持，消耗挑衅能量。

学员：什么是管理？

内训师：你问的是管理的定义或概念吗？

学员：是！

内训师：你对这个问题怎么理解？

学员：不知道，所以我才选择向你求教。

内训师：在座的哪位学员，能回答这个问题……

如现场有其他学员救场，则要高度褒奖，主动示好。

其他学员：管理就是管人、理事。

内训师：回答得非常好，简单易懂。而且你愿意帮助其他学员进步，给我留下深刻的印象，请你自我介绍一下，好让我们记住你的名字。

如现场无人应答、救场，就延迟到课后回答，不再纠缠。

内训师：这个问题的答案不唯一，无论是法约尔、德鲁克，还是熊彼特（即约瑟夫·阿洛伊斯·熊彼特，Joseph Alois Schumpeter）都有自己的总结，我愿意课下和你一一分享，你看如何？

在企业培训课堂上，内训师遭遇挑衅的概率较低，毕竟以后还要做同事，低头不见抬头见，学员往往会对其心存尊重、留有余地。但一旦遭遇挑衅，你要记住保持平静心态，从容面对，千万不可发火"咆哮"，因为挑衅者就等着看你失态的好戏呢。

抓住挑衅者的心理顺势而为，运用问答对话，妙语出击应对，让其知难而退，同时要切记，不可让他太难堪，这也是内训师的职业胸怀和专业素养。

尴尬相遇

培训课堂里遭遇的尴尬，无外乎内容错漏、气氛沉闷、现场混乱等情况。

内训师每次的培训授课都会或多或少地有产生错漏的情况，比如在举例、思考的时候，或者是其他的语言表达错误等。如果你因为一时的走神或者课堂上的干扰而暂时性遗忘讲授内容，那么你可以选择向学员寻求帮助。

假如你有五个方面的内容要讲，结果在讲到第三个方面时不小心"周游列国"去了。那么你可以先绕过这一部分，继续向下讲，边讲边回忆，为自己赢得时间。如果其间很顺利地回忆起来，那么在把其他内容都讲授完后，你可以继续补充讲解之前丢掉的部分。如果你的运气不好，很难闪回，那么可以向学员提问，引导学员进行回顾，最后穿插遗忘的内容。如下：

内训师：请各位学友打开教材看一看，这一章的内容由几部分组成，哪部分我们没有涉及？

学员：第三部分！

内训师：是的，第三部分总是容易让人误解、遗忘，我把它放在最后阶段和大家重点分享……

这样总比你停下来翻阅教材寻找回忆、引起学员的关注机智得多。

假如你讲错了，也不要忙着道歉纠误，而是尽量保持情绪的稳定。慌乱只会让错误持续发酵，引起学员的嘘声和笑话。即使学员已经发现你的错误，甚至开始哄堂大笑，你也不要过多纠缠，要放弃为自己挽尊的想法，顺着正确的内容讲下去，把学员的注意力从对错误内容的关注上转移过来。

如果你的课堂气氛沉闷——学员听课走神、玩手机、打瞌睡，那么就可以选择用个别提问或插入活动的方式来化解尴尬。内训师与学员在一起，走上课堂是师生，走下课堂是同事。理解学员、包容学员，也是师德师风的体现。没必要因为学员的不专心而"吼叫"，学员偶尔打瞌睡是可以理解的，或许因为近期加班，或许因为孩子闹夜，才导致他们的走神和分心。

但打瞌睡发展成打呼噜，干扰到周围的学员，内训师就要通过特定提问介入了。这时提问的目的不是惩罚学员，不是梦里惊魂，更不是逼问和审问，而是先叫起旁边的学员应答，促其清醒，回归课堂。或者你也可以带着全体学员进行一些轻肢体活动，提示相邻的学员轻触其肢体，利用现场活动，替其掩盖失态、维护自尊、触动反省，让"睡神"重新回到教学中。

假设你的课堂现场混乱——交头接耳心不在，走动频繁去又来，手机群响很澎湃，这是不是一幅有画面感的"相遇"？

对此，我总是能想起儿时课堂的情景：老师掰断粉笔，划出一道白弧，直击混乱"根源"，那"诗情画意"的场面，也只有席慕蓉能形容得出来：

> 你若是那含泪的射手，我就是那一只，决心不再躲闪的白鸟，只等那羽箭破空而来……

但你觉不觉得，这样的处理很蠢！因为少数人的问题，打断了多数人的专注，那道"白弧"让所有人都去关注"白鸟"了。

而且，当"白鸟"不再是未成年人，而是你的同事、你的领导，你还能用"白弧"来解决吗？你还敢成为"射手"吗？

找出根源、以静制动、提问研讨，也是常用的制止现场混乱的好方法。如果培训现场的混乱已经干扰到你的授课，那么你先停下来。休止往往能带来吸引，吸引"根源"的注意，接下来是你的提问。

> 内训师：下面我们以小组为单位，就刚才讲授的内容进行研讨，我将为每个小组指派一人上台发言，发言的题目是……

之后，可将"根源"作为上台发言者之一，再组织学员研讨。为了防止自己台上露怯，"根源"肯定会进入自救、自学状态。这样，混乱就被有效屏蔽了。

课堂设计中的素材整理与加工

去哪儿收集素材？这是我见过的最好答案

在一堂培训课中，为了更好地表现课程内容而引用相关素材与之结合，能够使课程更加生动。文字、图片、音频、视频等多种形式的素材，都相当于培训课程的"血肉"，使培训课程变得更加生动活泼、丰富多彩。

素材收集主要依靠日常积累、平时立卷，心有"积蓄"，开发不慌。如果等到开发任务来了，再去临时抱佛脚，只会被佛踢一脚。有了丰富的素材库存，等课程开发任务来临时，你才会有选择地提供"素材军火"。

网站（微信）能搜索到的，都不是我的"菜"

网站（微信）搜索是一种比较高效的素材搜索渠道。只要你在头条、百度、知乎等网站输入行业和专业的关键词，马上就会有大量信息推送到你的眼前。各种微信公众号和自媒体也会生产大量高质量的文章、资讯，这些媒体不仅善于经营热门专题，让不同人士从不同的角度发表看法，而且会针对读者搜寻的问题进行相关的内容推荐。

大数据时代的资讯让你目不暇接、眼花缭乱，甚至不知所措，这是你收集素材时的最大干扰。面对碎片化的、雷同的、繁杂的内容，你还分得清哪些内容才是你要的"菜"吗？

最重要的是，你在网上搜到的内容，学员也许全都浏览关注过了。如果你把它们全搬运到培训课堂，就会出现你说上句，学员马上对下句的尴尬情况。要是这么讲课，还能有新鲜劲儿吗，还能有趣吗？

所以，网络搜索剪裁下的资料更适合比对参考，而不能作为新知识点，它们根本"卖"不出"价格"。这些资料最大的价值在于同类对比、验证的初步逻辑。比如，对"元宇宙""区块链""星链技术"这几个名词，百度有几种解释，头条也有几种解释，我们通过搜索确定哪种解释适合组织的培训课堂，这就足够了。

素材收集——各有各的"渡口"

各有各的渡口，各有各的归舟，不同素材需要从不同的渡口"靠岸"。

行业分析报告。 如果课程内容涉及组织所在的行业，那么你可以从德勤、艾瑞、易观等咨询机构收集行业分析报告。它们的报告覆盖面很广，基本上各行各业都有，它们每年也都会出专门的分析报告，分析行业的发展趋势、存在的问题及国家的政策导向，这些报告的分析都相对较为深入，数据也相对靠谱。当然，要说数据最权威的，还是国家各级统计局的统计数据，这些数据是靠大范围抽样、调研得出的，其准确性、真实性毋庸置疑。此外，通过相应的平台整合顾问机构资源，实现互助共享，也是个不错的选择。

权威著作。每个行业都有权威人物，他们写的专著可以成为你的培训资料收集的来源。比如，搞目标管理的要看彼得·德鲁克的《管理的实践》，搞营销培训的要看菲利普·科特勒（Philip Kotler）的《市场营销原理》。这些专著的内容可能很难有什么亮点，但其已经经受住了时间的检验，可以为你的课程提供理论支撑。而且这些专著中的思想、观点，经过你的自我消化（而不是搬运），都可能成为培训课上新鲜的素材。

专业期刊。在我看来，最好的资料收集地就是专业性的期刊。专业期刊上都是最新鲜的资讯，几乎所有的先进理论都刊载在上面。比如《哈佛商业评论》，国内的知网、国家哲学社会科学文献中心提供的各类专业期刊等，都是你获取专业素材的宝库。如果你能把这些期刊上面的理论观点纳入自己的素材库，那么你的素材绝对算得上是爆款。

更多地收集视频素材

近年来受线上直播课的影响，视频素材激增，这对组织培训课程的升级有着极大的促进作用。金荣华在专项研究中发现："视频资料的直观，能引起学生的兴趣，更因其能将远近、快慢、大小、动静、虚实、繁简、正反、顺逆等互化，使学生的想象更加丰富，从而扩展了思维，帮助了理解，提高了记忆效率，大大促进了学生对知识的理解和吸收。"[16]

另外，相关领域专家对成人记忆保持率的测试结果也显示：

> 单听，3小时后记忆保持率为70%，3天后记忆保持率为10%；
> 单看，3小时后记忆保持率为72%，3天后记忆保持率为20%；
> 视听结合，3小时后记忆保持率为85%，3天后记忆保持率为65%。

由此可以看出，使用声像视频资料后，无论是接受效率还是保持率，都大大超过单看、单听的效率。如果培训课堂通过加入视频素材，让学员在学习时变得更兴奋，那么在多巴胺的奖赏作用下，也许会让学员对培训课程"上瘾"。

我们曾经开发过一门培训课——"看电影学管理"，将若干部电影中的桥段剪辑下来，制作成素材课件，深受企业学员的喜爱。诚然，热播剧、经典剧中有相当多的素材片段值得我们下载剪辑，但我更愿意看到的是内训师根据培训的目标，自拍自制视频素材。这样既能保证素材的时效性，防止素材"撞衫"，又能锻炼自己编、导、演的全面能力，可谓一举两得。

当然，这里说的更多地使用视频素材，不等于排斥其他媒介的素材。不同的媒介形式有不同的优势。视频素材的优势是可以观赏，使人们拥有更加丰富的感官体验。音频素材的优势是能够伴随，在人们刷牙洗脸，或者乘坐地铁的时候都可以播放，以加深其对素材内容的印象。文字素材的好处是方便保存，可以随时查看温习。

总之，视频乐于观赏，音频易于伴随，文字便于留存。每一个新的媒介出现时，都是我们丰富素材的巨大机会。

素材选择不能天马行空

资料收集得多，分析整理时就会有选择的问题。素材选择不是盲目的，也不是完全自由的，什么能用什么不能用，是要"守纪律"的。

课程素材要面对的是组织内部群体，应该具有组织文化制度的约束效应和舆论引导的强大作用。所以，素材选择要注意组织影响，防止负面含义的内容出现，素材的立场要与组织文化一致，弘扬正能量。除安全事故、违法违纪教育等类型的培训外，其他培训都应该尽可能选择具有积极意义的素材。

根据我的总结，素材的选用应遵循下面的原则：

主题的服从性。内训师要清晰明确地知道课程的主题。主题是静止不变的，所以要围绕主题选素材。素材要服务于主题、结构的要求，杜绝主次不分、杂乱无章的现象，既要保证围绕主题的紧密性，又要保持科学、周密的表现手法。

取舍的严谨性。首次接触到的素材如果不能打动你，那么你就要果断放弃之。不能打动你，同样也很难打动学员。更不能用自我想象的内容充当素材,那是名副其实的"造假制假"。要舍弃道听途说的内容,确保信息来源的可靠性,坚持选择具有客观性、真实性和完整性的素材内容。

引用的鲜活性。课程引用的素材要保证时效性、鲜活性,要具有说服力与表现力。重点结论、重要数据的时限不宜超过三年,要确保呈现的是行业的最新动态与变化。

组合的针对性。"精能胜多",素材的组合不是完全追求多多益善,而要尽可能地"以一当十"。围绕课程内容组合素材,切忌追求表面上的新颖、花哨、动感等效果,如果形式大于内容,就会适得其反。

风格的系统性。文字、图像、音频、视频等形式的素材,进入课程后要同整个课件的风格保持一致,形成整体的和谐统一。

素材整理,整理出结论

素材整理,整什么?特别是内容相近的素材,整理的方向又在哪里?

面对大量繁杂的课程素材,内训师整理的结果往往体现在素材之间共性、相关联的新结论上。

下面,我以"计算机图形视窗的操作系统市场普及""电动汽车发展的过程"这两个素材为例进行讲解。

素材1:

图形视窗的操作系统,是由引领当年技术浪潮的施乐公司帕克

（PARC）研究中心率先发明的，而非大众认知的苹果公司。在此之后，当年那些简单粗糙的命令式的操作系统，今天已经很少有人使用了。

图形视窗的操作系统的问世，如鹤立鸡群一般，非常醒目、非常亮丽。但是它并不成熟，更谈不上实用。最初尝试使用它的是"技术"精英人士，或者是对技术非常敏感的人（tech-savvy），只有他们的"慧眼"方能识别出其中的价值，而芸芸众生对这项技术并不关心。所以，这种技术还没有正式面世就已夭折，更别说普及了。同期，苹果公司曾经尝试的 Lisa 计算机视窗也未能走红。但没多久，苹果公司麦金托什（Mackintosh）电脑的视窗图形操作系统（今天的苹果电脑称为 Mac 机，"Mac"就是麦金托什这个名字的前三个字母，而麦金托什的本义是苹果的一个品种）便接过了技术传承的"接力棒"。业内都知道，Mac 的视窗操作系统思想，都来自施乐公司的技术产品施乐奥托（Xerox Alto），但是为了方便使用，如同整容一样做了很多改进。但不得不说，Mac 机的价格相当昂贵，因此只有高收入群体才愿意支付较高的价格购买。除了价格因素，Mac 机其实"脾气不好"——兼容性较差，因此只有能够"顺从它"、习惯它的使用方式的人，才会一直使用下去。

现如今大众都熟悉的视窗操作系统，其实是被广泛使用的微软操作系统。它不像前两者那么精致、高冷。但仔细想想也相当耐看，且"性格温顺"，对一般人来讲实用性足够用了，价格的亲民性，技术的兼容性更好，因此在市场上得到了普及。

素材2：

  电动汽车的"活体"样本，是当年爱迪生发明的那种不实用的"实验室"电动汽车。一直到1996年，通用汽车公司才量产出EV-1电动汽车，开创了全新的概念。截至1999年，通用EV-1电动汽车生产不足1000辆，只收获了一些环保人士和对技术敏感的大咖的追捧，这些人只是觉得开着它很酷，如同驾驭"变形金刚"一样。最重要的是稀缺，大马路上见不到几辆，一般老百姓只会远远地看看，并不会购买。因为EV-1不仅性能不够好，而且"元气不足"——开不了多远就没电了，充一次电仅够当天上下班通勤使用。因此，这款电动汽车只能算是不错的"绣花枕头"。不久后，特斯拉的电动汽车横空出世。其性能大幅提升，充一次电虽不能日行千里，但也足够令人瞠目。此时特斯拉的电动汽车价格超贵，都在7万至13万美元之间，大体上相当于一辆中档保时捷的价格，只有美国富人才愿意购买。因此特斯拉在此后的6年时间里，包括Roadster跑车、S系和X系在内，一共才卖了不到20万辆。直到特斯拉公司针对宝马3系市场，推出自己的Model 3电动汽车，这种状况才得到彻底的改变。特斯拉Model 3集所有电动汽车的优势于一身，价格也大幅降低，和传统汽车相差无几，受到了民众的认可。发布后一星期，特斯拉Model 3就订出去20多万辆，超过了它之前所有电动汽车销量的总和。

  上面两则素材内容，说明人们所使用的新产品、新技术都要经历较长的时间才被大众广泛接受，而不同公司在这个过程中接力领跑，领跑的结果往往是产品性能提升、价格降低。"先驱"起跑的公司，很可能在商业上大量投入后并不成功（不排除个别公司财力充足又能坚持长期投入，走过全过程），只是为产品普及做铺垫而已。

你还可以进一步推理出这样的结论：新技术、新产品想获得市场认可，需要经历三个阶段。

发明阶段。一个革命性的产品技术出现了，很养眼、与众不同，但是毛病很多，只有对技术特别敏感的人才会关注和使用它。

成长阶段。解决了前一阶段大部分的问题，让技术带来的优势、产品带来的好处充分显现出来，但是价格昂贵，有时还不好"伺候"，因此只有有钱人才能使用。

普及阶段。解决了价格问题，提升了性能，成为大众必备的终极爆款产品。相当多的新产品、新技术走不到这个阶段就夭折了。

在得出初步推理的结论后，你就可以根据这个主题去搜索相应的素材，比如 VR（虚拟现实）技术、3D 电视、谷歌、安卓等。当你积累到一定程度时，就会因为不断丰富的素材、升级的理论而形成主题素材库。

素材加工，投入方能出精彩

课程素材有很多都来自组织的制度条文、技术操作步骤、规范、生硬、不容篡改，发挥空间较小。这样的素材需要内训师投入大量的智力、精力去加工。常用的就是"化繁为简"的加工,将素材文段压缩成单句、单词,并按照彼此的联系来进行素材内容的统合。

下面,我以某物业公司工程人员的装修巡查内容为例:

1. 装修门口张贴二证一案一表

2. 大门安装高度、宽度与方向

3. 大门改动是否影响公共设备

4. 为不影响邻里,施工时大门是否虚掩

5. 室内装修材料分类(靠墙、梁边)堆放,单位重量不能大于每平方米二百千克

6. 是否在阳台或洗手间取水和水泥沙搅拌工作

7. 给水的材料是否为PPR热熔型的水管

8. 强/弱电箱是否因移动产生线路接头

9. 承重墙梁是否有损坏

10. 燃气管道是否有私自改动和预埋管道

11. 防盗网安装处所与规格要求

12. 铝合金门窗安装与材质规格及颜色

13. 排水管预留孔、排污管与清水管有无接驳

14. 沉池与防水的要求

15. 其他的检查(装修工人出入证、消防器材、临时用电安全、文明施工)

上面的巡查内容有15条之多,如果不进行加工而直接将其放入课

件中，不但占用PPT篇幅，而且如此大量的内容也很难让学员记忆，无形中增加了现场的培训难度。最主要的是素材内容在表述中也有含混不清的地方，需要进行处理。

比如第15项。我们将"15.其他的检查"，初步加工分解为：

15–1. 装修工人出入证

15–2. 消防器材

15–3. 临时用电安全

15–4. 文明施工

之后，将"15–4.文明施工"进一步细化为气味、噪声、工时、粉尘等四个方面。接下来，我们将巡查内容进行"合并同类项"，见表3–7。

表3–7 "合并同类项"举例

1	证照	1. 装修门口张贴二证一案一表
		15–1. 装修工人出入证
2	门窗网	2. 大门安装高度、宽度与方向
		3. 大门改动是否影响公共设备
		11. 防盗网安装处所与规格要求
		12. 铝合金门窗安装与材质规格及颜色
3	料	堆料：5. 室内装修材料分类（靠墙、梁边）堆放，单位重量不能大于每平方米二百千克
		拌料：6. 是否在阳台或洗手间取水和水泥沙搅拌工作
		用料：7. 给水的材料是否为PPR热熔型的水管

(续表)

4	水	13. 排水管预留孔、排污管与清水管有无接驳
		14. 沉池与防水的要求
5	电	8. 强/弱电箱是否因移动产生线路接头
		15-3. 临时用电安全
6	气	10. 燃气管道是否有私自改动和预埋管道
7	梁	9. 承重墙梁是否有损坏
8	环境	15-2. 消防器材
		4. 为不影响邻里，施工时大门是否虚掩
		15-4. 文明施工（文明管控气味、噪声、工时、粉尘）

将上述内容由繁到简加工成八类后，要接着进行二次加工：

装修巡查三字经

装修季，巡查详；证照齐，不骂娘；

视觉美，门窗网；堆放料，找边墙；

搅拌料，防水良；选用料，合规强；

水电气，比工匠；房子稳，靠墙梁；

安全活，文明傍；装修汉，获褒奖。

这样，按照江阳辙（注：江阳辙属十三道大辙之一，是过去曲艺、戏曲演员编的相同韵母的十三组词。在汉语拼音没有普及时，演员就用这些辙作为押韵的标准。）将素材内容升华为"装修巡查三字经"，或其他朗朗上口的顺口溜，是不是就变得很出彩了呢？

加工到这个程度，我们就可以将"装修巡查三字经"的内容直接放入一页 PPT 中，然后分步给学员们详细讲解。

对于这类制度、流程类的素材，我们绝不能照本宣科，更不能做文字的"搬运工"，那样就失去了内训师"讲"的价值，可以被任何一个"识字"的人代替。

在课程素材加工上，内训师要有这样的心理准备：用压倒性的投入，把自己逼"疯"，把对手逼"死"。投入巨大的时间，投入巨大的精力，甚至投入巨大的资源，投入到让你的同事、同行感到恐惧，你才有可能在组织内训师的队伍里存活下来，真正成为学员心里敬佩的"师者"。

对素材的加工是内训师自我成长、自我要求的过程，每一次的投入都是一次修炼，都是一次精彩的期盼，值得内训师重视并珍惜。

相同的素材，不同的构思

对素材的认知、结构化构思往往是见仁见智的过程，所有的构思成果都值得肯定和尊重。学员是公正的"裁判"，课程叫好不叫座的"坑"很多时候是在构思过程中就已经挖好了的。但不管什么样的构思，都不能一劳永逸，需要时时更新，重新设计，以重获新生。

我在为企业内训师培训的实践中，经常在课堂上看到学员因对素材进行不同设计构思而产生优劣的争论，感觉好像一群人在进行"高考"，去争夺少数几个名校的入场券一样。其实，高考是一群人的考试，而课程的设计与开发只是"一个人"的构思，哪怕这样的构思受到了他人的启发，但那也属于"我的"而非"我们的"，是属于个人的私人"用品"。

这种个人的"用品"呈现出来的效果必然是多元的，没有统一的"阅卷"标准，甚至可能是意会的，因为它是一门多解的艺术。

我曾在一次内训师培训中，用某行业的服务公约作为课程的设计素材（见图3-9）。

准时营业	坚守岗位	统一着装	公布工号	办理业务	迅速准确
接待用户	热情和蔼	解答问题	清楚耐心	服务周到	不怕麻烦
执行制度	严肃认真	票款交接	唱收唱付	厅容整洁	文明生产

图3-9 某行业服务公约

有的学员率先做出这样的设计构思（见表3-8）：

表3-8 某学员针对服务公约的设计构思

关联	特质	概括	分类				
因母	严	制度	准时营业	坚守岗位	统一着装	公布工号	厅容整洁	文明生产
因子	亲	态度	办理业务	迅速准确	解答问题	清楚耐心	票款交接	唱收唱付
结果	准	行为	接待用户	热情和蔼	服务周到	不怕麻烦	执行制度	严肃认真

十八项服务公约被分为三类，分别冠以"制度""态度""行为"的概括，并对概括进行了特质分析。分析结果也非常简洁：制度严、态度亲、行为准。

最吸引我的是他对类别的纵向关联的阐述："制度影响态度，态度决定行为。"结构图设计如图3-10所示：

图 3-10 根据表 3-8 画出的结构图

这张图的主色调为黑、灰、白三色，目的是像红绿灯一样醒目区别。将"制度"类归为"黑区"、"态度"类归为"灰区"、"行为"类归为"白区"，而且类别特质的总结与其对应颜色的内涵相匹配。比如："黑区"要严肃对待、严格执行、严禁违约；"灰区"要亲切、亲和、亲自，有提示提醒作用；"白区"有准备、准确、准时的意思在里面。同时，这三区又与类别的纵向关联"制度影响态度，态度决定行为"相呼应，构思非常巧妙，是一个非常不错的设计！

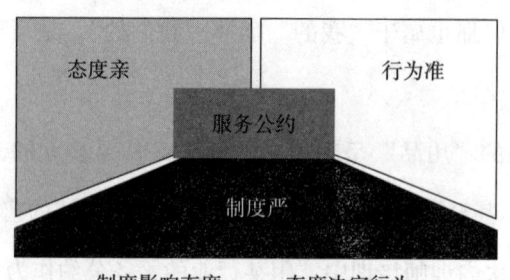

也有学员是这样构思处理的（见表 3-9）：

表 3-9　另一位学员的设计构思

关联	特质	概括	分类			
形象环境	整	形象	准时营业 公布工号	坚守岗位 厅容整洁	统一着装 文明生产	
内容内功	练	素养	办理业务 解答问题 执行制度	迅速准确 清楚耐心 严肃认真	接待用户 服务周到 票款交接	热情和蔼 不怕麻烦 唱收唱付

他的分类更少，只有两类。这增加了素材归并的难度，但为后面概括、找特质、寻关联等环节的设计带来了便利。

在概括的环节，他将两个类别概括为"形象""素养"，是很拟人化的概括，把一个行业组织想象成一个人，或者说是行业组织里的每一个人。

在他对类别特质的查找与分析中，分别阐述为：形象整，既有整齐、整洁、工整之意，又有形象的来源路径——整理，所有的形象都是经过整治、要求的结果；素养练，这里有通过训练、苦练才能达成素养标准的意思。

他把纵向关联设计为内与外的关系，叫作"服务源于平衡"。即一内一外的平衡：内，服务的内容、内功；外，外部、外在的形象、环境。

他的结构图设计颇有"禅"意，像一架天平（见图3-11），能让人产生很多的联想。无论是哪一方面的损耗，都会造成服务的失衡、承诺的违约。

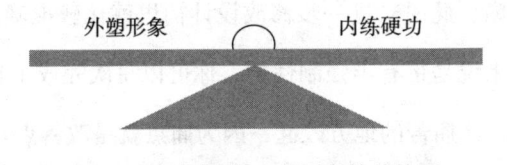

图 3-11 根据表 3-9 画出的结构图

如果说第一个学员的设计是巧妙的，那么第二个学员的设计可谓深刻。想象一下，如果你坐在那间培训室里，看到这样的设计构思，你会倾向于哪个方案呢？

面对相同的素材，不同的内训师会有不同的理解和安排。不知道大家会不会有这种感觉，我们一旦完成设计构思，或者是为设计构思付出了智力、精力上的投入，就会对设计成果产生感情。而且是那种难以割舍的感情，不容任何人指责、篡改，甚至会让我们有意识地过滤掉不符合我们心意的反馈。有的人一旦完成了设计构思，就有了长期打算，想着与自己的智力成果"白头偕老"，一直使用到自己"离职"或"退休"。

我们可以用心理学的"归因理论"（Attribution Theory）来解释这样的情感。我们对自己的设计构思形成了"满意"的认识，这种看法会持续增强，接着我们就会自然而然地认定这个结论和评价，最后变成固定的模式，影响着我们对自己设计成果的态度。

其实，对课程构思不是一次就能完成的，它随着时间的推移，需要一次又一次的更新升级。内训师在每次讲授完新课程后，都要根据培训现场的情况，对课程进行设计修补或结构修改。很多时候，内训师在讲解之前是找不到现场感的，但在刚授完课的时候，学员反馈给你的感觉比较新鲜、清晰，此时，进一步修改设计构思就比较准确。而且这种修改对于内训师来说是带有半强制性的，你可以每次完成1/10的修改，从没有感觉或让自己痛苦的地方改起，因为痛点就是改善点。

这样的强制性对于内训师来讲，是一种不错的刻意练习，它可以推动你去超越现在所做的事情，让你比其他同事感悟更强、知道更多、记得更牢。慢慢地，你就会在课前感知到设计构思在培训现场的一些征兆，拥有更好的辨识力。

所以，精妙构思极少来自灵机一动、计上心来，而是要经过千锤百炼，十年磨一剑。

课程结构设计

课程结构设计步骤

国内培训师培训、领导管理等相关领域专家王东云在其专著《培训课程设计 MJ 模式》中，对课程设计的界定为"面对面课堂培训，即学习者在教室中脱产学习时（Classroom Training），为达成预期的培训目标，而进行的培训内容的设计"。这里所说的课程设计，是指设计 Classroom Training 的原则和技巧。

不得不承认，在这个急剧变迁的时代里，Classroom Training 依旧是整个工商业组织的主流培训形式，其因为系统性和较高的效率，尚且无法被线上培训所取代。

那么，课程设计的核心要素是什么呢？

我认为，就是课程结构设计。

课程主题确定后，将素材进行系统化、程序化的整合、开发的过程，称为"结构设计"。课程结构设计是为了向学员更好地讲解"是什么、为什么、怎么样、怎么办"的问题，也就是阐述培训课程内容的"定义类别（后果影响）、产生原因（动机）、特点状况、做法步骤"。

培训课程内容，既包括自然科学研究，又离不开人文社会科学理论的支撑。但无论是自然科学研究还是人文社会科学理论的研究，都会提出和回答这样的四个问题：

是什么——提出并回答事物、事理的类别、属性的问题；

为什么——提出并回答事物、事理发生、发展的原因、机理的问题；

怎么样——提出并回答事物、事理的情状及如何发生、发展、变化的问题；

怎么办——提出并回答事物、事理发生、发展如何介入人的干预，使其按照人的主观愿望运行的问题。

一般来讲，课程结构设计是通过下面五个步骤来实现的（见图3-12）。

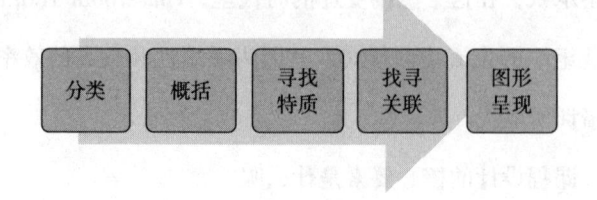

分类 → 概括 → 寻找特质 → 找寻关联 → 图形呈现

图3-12 课程结构设计的五个步骤

比如，你可以通过下面的内容，来完成一次课程结构设计。

某银行新职员工组织文化培训内容之一：《员工守则》

1. 爱国爱行。热爱祖国，忠诚于我行事业，甘与我行同命运共发展。

2. 遵纪守法。严格遵守国家法律法规和我行规章制度。勇于检举揭发、制止违法违规和危害我行利益的行为。

3. 敬业爱岗。热爱本职工作，勤奋好学，精通岗位工作技能，力争一专多能。

4. 勤工守时。不迟到早退，不串岗聊天，不擅离职守，不从事非岗位职责活动。

5. 至诚服务。遵守"礼貌、规范、快速、准确"的服务准则；树立客户至尊的观念，诚恳有礼，热情服务。

6. 团结协作。员工之间互相尊重支持，通力协作，杜绝拉帮结伙。

7. 锐意创新。不断提高自身素质和岗位操作能力，并主动对岗位工作和我行整体发展提出创新意见或建议。

8. 忠诚守信。言行诚实有信，严禁泄露我行及客户的商业机密。

9. 仪态得体。仪表整洁，举止大方有礼，按规定统一着装，挂牌上岗。

10. 爱护行产。爱护我行财产，坚持节俭办事，维护我行财产安全。

从内容上来看，《员工守则》内容的讲解很难超越文字所表达的信息。受内容及文化所限，由内训师自由诠释的可能性极低，而学员看了以后秒懂，接下来他再听你讲就没什么意思了。那么，最好的办法是找出其中的逻辑，沿着这个逻辑线展示《员工守则》的准确内容，在展示过程中加入内训师的自我构思和加工，这样才能让学员对内容的记忆得到深化。

第一步：分类。把内容相近的条款分门别类，这是构思最基础的步骤（见表3-10）。

表3-10　第一步：分类

分类
1. 爱国爱行。热爱祖国，忠诚于我行事业，甘与我行同命运共发展 3. 敬业爱岗。热爱本职工作，勤奋好学，精通岗位工作技能，力争一专多能 10. 爱护行产。爱护我行财产，坚持节俭办事，维护我行财产安全
2. 遵纪守法。严格遵守国家法律法规和我行规章制度。勇于检举揭发、制止违法违规和危害我行利益的行为 4. 勤工守时。不迟到早退，不串岗聊天，不擅离职守，不从事非岗位职责活动 6. 团结协作。员工之间互相尊重支持，通力协作，杜绝拉帮结伙 9. 仪态得体。仪表整洁，举止大方有礼，按规定统一着装，挂牌上岗
5. 至诚服务。遵守"礼貌、规范、快速、准确"的服务准则；树立客户至尊的观念，诚恳有礼，热情服务 8. 忠诚守信。言行诚实有信，严禁泄露我行及客户的商业机密
7. 锐意创新。不断提高自身素质和岗位操作能力，并主动对岗位工作和我行整体发展提出创新意见或建议

第二步：概括。用一句话、一个词或一个字，对上一个步骤中划分出来的四类内容分别做精练的总结（见表3-11）。

表 3-11 第二步：概括

概括	分类
内部回报	1. 爱国爱行。热爱祖国，忠诚于我行事业，甘与我行同命运共发展 3. 敬业爱岗。热爱本职工作，勤奋好学，精通岗位工作技能，力争一专多能 10. 爱护行产。爱护我行财产，坚持节俭办事，维护我行财产安全
遵守规则	2. 遵纪守法。严格遵守国家法律法规和我行规章制度。勇于检举揭发、制止违法违规和危害我行利益的行为 4. 勤工守时。不迟到早退，不串岗聊天，不擅离职守，不从事非岗位职责活动 6. 团结协作。员工之间互相尊重支持，通力协作，杜绝拉帮结伙 9. 仪态得体。仪表整洁，举止大方有礼，按规定统一着装，挂牌上岗
对外投资	5. 至诚服务。遵守"礼貌、规范、快速、准确"的服务准则；树立客户至尊的观念，诚恳有礼，热情服务 8. 忠诚守信。言行诚实有信，严禁泄露我行及客户的商业机密
发展要求	7. 锐意创新。不断提高自身素质和岗位操作能力，并主动对岗位工作和我行整体发展提出创新意见或建议

第三步：寻找特质。把四类内容的要求、条件和特质都挖掘出来（见表 3-12）。

表 3-12 第三步：寻找特质

寻找特质	概括	分类
付出奉献	内部回报	1. 爱国爱行。热爱祖国，忠诚于我行事业，甘与我行同命运共发展 3. 敬业爱岗。热爱本职工作，勤奋好学，精通岗位工作技能，力争一专多能 10. 爱护行产。爱护我行财产，坚持节俭办事，维护我行财产安全

135

（续表）

寻找特质	概括	分类
严格执行	遵守规则	2.遵纪守法。严格遵守国家法律法规和我行规章制度。勇于检举揭发、制止违法违规和危害我行利益的行为 4.勤工守时。不迟到早退，不串岗聊天，不擅离职守，不从事非岗位职责活动 6.团结协作。员工之间互相尊重支持，通力协作，杜绝拉帮结伙 9.仪态得体。仪表整洁，举止大方有礼，按规定统一着装，挂牌上岗
诚恳守信	对外投资	5.至诚服务。遵守"礼貌、规范、快速、准确"的服务准则；树立客户至尊的观念，诚恳有礼，热情服务 8.忠诚守信。言行诚实有信，严禁泄露我行及客户的商业机密
创新进步	发展要求	7.锐意创新。不断提高自身素质和岗位操作能力，并主动对岗位工作和我行整体发展提出创新意见或建议

第四步：找寻关联。将类别与特质要求进行纵向逻辑关联的整合，并调整不同类别的先后顺序（见表3-13）。

表3-13 第四步：找寻关联

找寻关联	寻找特质	概括	分类
守纪 （基础、首要条件）	严格执行	遵守规则	2.遵纪守法。严格遵守国家法律法规和我行规章制度。勇于检举揭发、制止违法违规和危害我行利益的行为 4.勤工守时。不迟到早退，不串岗聊天，不擅离职守，不从事非岗位职责活动 6.团结协作。员工之间互相尊重支持，通力协作，杜绝拉帮结伙 9.仪态得体。仪表整洁，举止大方有礼，按规定统一着装，挂牌上岗

（续表）

找寻关联	寻找特质	概括	分类
爱心 （动能、关键条件）	付出奉献	内部回报	1. 爱国爱行。热爱祖国，忠诚于我行事业，甘与我行同命运共发展 3. 敬业爱岗。热爱本职工作，勤奋好学，精通岗位工作技能，力争一专多能 10. 爱护行产。爱护我行财产，坚持节俭办事，维护我行财产安全
诚信 （保证、重要条件）	诚恳守信	对外投资	5. 至诚服务。遵守"礼貌、规范、快速、准确"的服务准则；树立客户至尊的观念，诚恳有礼，热情服务 8. 忠诚守信。言行诚实有信，严禁泄露我行及客户的商业机密
创新 （方向、决定条件）	创新进步	发展要求	7. 锐意创新。不断提高自身素质和岗位操作能力，并主动对岗位工作和我行整体发展提出创新意见或建议

第五步：图形呈现。删除多余文字，将类别之间的逻辑关联用图形呈现出来（见图3-13）。

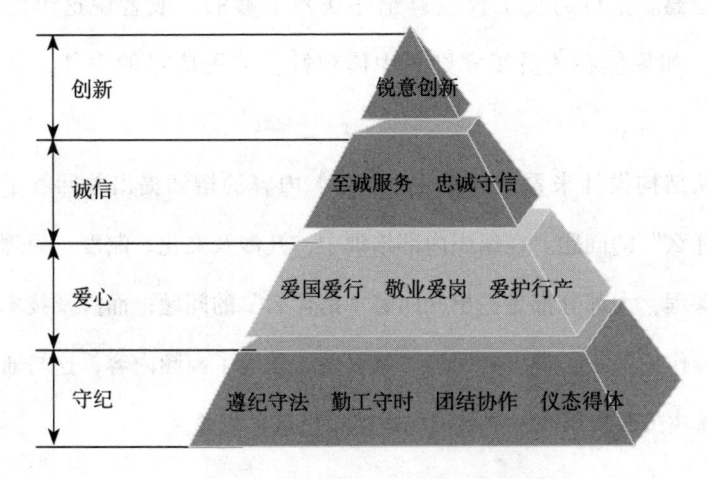

图 3-13 不同类别之间的逻辑关联

这个结构图,把"守纪"放在基础的位置(图中的最下层),这是银行对从业人员最基本的要求,因为银行以规避风险为前提,银行员工的自律、合规必须是第一位的。

"爱心",建立在合规、守纪的前提下,对内部客户(组织)有所回报,其结果就是付出——"爱国、爱行、爱岗"。

"诚信"是要求银行员工对银行外部客户有所"投资",投资的"资金"就是服务和信用。

"创新",是要求银行员工有追求,不能安于现状,否则只能被边缘化。

通过对结构的图解,你还能发现原始素材的两个问题:

重复。第二个层次"爱心",包括爱国爱行、敬业爱岗、爱护行产三个方面,整理完你会发现,爱国爱行其实已经包括了爱护行产,原始素材有重合表述的内容。

遗憾。银行的员工仅仅遵纪守法是不够的,或者说这个门槛太低了,如果能在《员工守则》中体现社会公民应尽的责任,那就更好了。

从结构设计来看,对《员工守则》内容的培训提出并回答了"守则是什么"的问题。在组织内部培训中,凡涉及文化、制度、原理、素质的课程,大部分都是提出并回答"是什么"的问题;而涉及技术、流程、操作的课程,提出并回答"怎么做"就成了高频内容,这与通过培训来解决或改善组织发展状况的战略思想息息相关。

空间结构构思图如何解决问题

培训课程中的"是什么（是谁、怎么样）"问题，往往通过空间结构表现。在空间结构中，要素之间呈并列关系。

图 3-14 就是典型的空间结构构思图。它提出并回答了"寿险主管素能提升的障碍是什么"的问题。图中列出的六项内容无主次之分，并列存在。

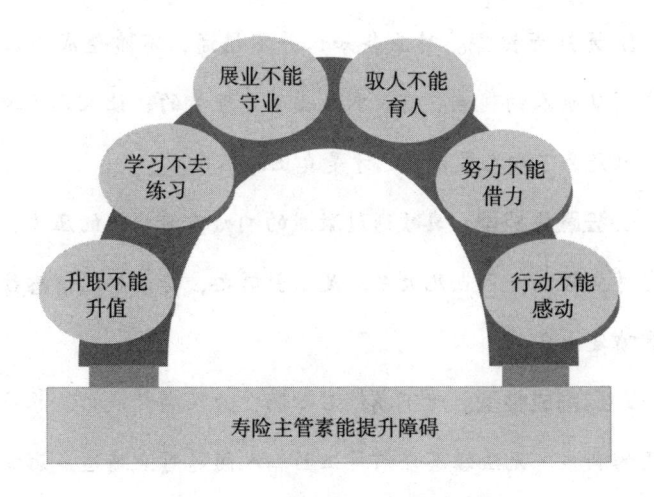

图 3-14 典型的空间结构构思图

下面，我以《十种性格极端的领导者》[17]的内容为例分步解析。

十种性格极端的领导者

1. **拖沓成瘾型**。散漫无序，很少遵守时间约定，没有工作效率。"等待领导"成为其下属工作的重要组成部分。

2. **冰冻千里型**。待人严肃，不苟言笑，所到之处禁止说笑，避免感情外露。在困境中能够自持、冷静。

  3. **吹毛求疵型**。不能在管理能力上体现优势，花费大量时间保持专业第一的地位，以此让下属知道他专业知识深厚。展现自己的丰富知识时，对别人的意见统统不屑一顾。

  4. **墨守成规型**。安于现状，乐享传统，厌恶变革，对于做出的决定往往一拖再拖，认为这样可以使很多问题不了了之。为了维护声誉，总会找出各种冠冕堂皇的理由为自己的固执辩护。

  5. **无知无畏型**。对业务知识并不精通，不希望成为傀儡，更不会听从别人的观点。有时敢做出毫无理智的、让人无法理解的决定，只是为了向人展示自己才是真正的领导。

  6. **狂躁失控型**。喜欢通过激烈的呐喊宣泄自己的压力，情绪比较容易失控，一丁点儿火星就足以引爆之，其愤怒的情感往往通过语言喷发出来。

  7. **剥削成性型**。对下属铁石心肠，为人尚欠成熟，总是先想到自己的利益。无法容忍任何员工因私人问题对业绩造成影响，唯一感兴趣的是下属的工作是否完成。

  8. **友好交换型**。将员工视为自己的亲属，对所有人表现出充分理解。乐于花时间进行私人谈话，作为交换，要求他人付出无条件的忠诚。将任何批评视为对自己的背叛，并认为是针对自己。

  9. **完美控制型**。视自己为完美主义者，相信没人比自己知道得更多。乐于计较琐事，迷恋细节，愿意针对每个细节做出明确的指示，却从来没有想过要放权委托给他人。

10. **自发创新型**。充满创新欲望，灵感的火花四处飞溅，乐于动员各方力量行动，也许一个创意还没有取得显著效果，新点子又再次光临，下属在其灵感的指挥棒下疲于奔命，忙于应付。

首先，我们可以从题目确定，这是一个提出或回答"性格极端的领导者有什么表现"的问题，因此，我们要按照解决"是什么"问题的空间结构来设计逻辑图。

其次，将十种领导者表现相近的进行分类（见表3-14）。我们认为拖沓成瘾型—完美控制型、冰冻千里型—狂躁失控型、吹毛求疵型—无知无畏型、墨守成规型—自发创新型、剥削成性型—友好交换型，彼此逻辑意思相近，可以归为一类。

表3-14　将十种领导者表现相近的进行分类

分类
1.拖沓成瘾型。散漫无序，很少遵守时间约定，没有工作效率。"等待领导"成为其下属工作的重要组成部分
9.完美控制型。视自己为完美主义者，相信没人比自己知道得更多。乐于计较琐事，迷恋细节，愿意针对每个细节做出明确的指示，却从来没有想过要放权委托给他人
2.冰冻千里型。待人严肃，不苟言笑，所到之处禁止说笑，避免感情外露。在困境中能够自持、冷静
6.狂躁失控型。喜欢通过激烈的呐喊宣泄自己的压力，情绪比较容易失控，一丁点儿火星就足以引爆之，其愤怒的情感往往通过语言喷发出来
3.吹毛求疵型。不能在管理能力上体现优势，花费大量时间保持专业第一的地位，以此让下属知道他专业知识深厚。展现自己的丰富知识时，对别人的意见统统不屑一顾
5.无知无畏型。对业务知识并不精通，不希望成为傀儡，更不会听从别人的观点。有时敢做出毫无理智的、让人无法理解的决定，只是为了向人展示自己才是真正的领导

（续表）

分类
4.墨守成规型。安于现状，乐享传统，厌恶变革，对于做出的决定往往一拖再拖，认为这样可以使很多问题不了了之。为了维护声誉，总会找出各种冠冕堂皇的理由为自己的固执辩护
10.自发创新型。充满创新欲望，灵感的火花四处飞溅，乐于动员各方力量行动，也许一个创意还没有取得显著效果，新点子又再次光临，下属在其灵感的指挥棒下疲于奔命，忙于应付
7.剥削成性型。对下属铁石心肠，为人尚欠成熟，总是先想到自己的利益。无法容忍任何员工因私人问题对业绩造成影响，唯一感兴趣的是下属的工作是否完成 8.友好交换型。将员工视为自己的亲属，对所有人表现出充分理解。乐于花时间进行私人谈话，作为交换，要求他人付出无条件的忠诚。将任何批评视为对自己的背叛，并认为是针对自己

接着，对划分的五类内容进行概括，分为工作方式、情绪掌控、专业技能、变革应对、情感认知（见表3-15）。

表3-15 对划分的五类内容进行概括

概括	分类
工作方式	1.拖沓成瘾型 9.完美控制型
情绪掌控	2.冰冻千里型 6.狂躁失控型
专业技能	3.吹毛求疵型 5.无知无畏型
变革应对	4.墨守成规型 10.自发创新型
情感认知	7.剥削成性型 8.友好交换型

再次，对五类概括寻找特质（见表3-16）。即工作方式的懒与苟、情绪掌控的收与放、专业技能的优与劣、变革应对的退与进、情感认知的缺与滥。

表 3-16 对上述五类概括寻找特质

寻找特质	概括	分类
懒与苛	工作方式	1. 拖沓成瘾型 9. 完美控制型
收与放	情绪掌控	2. 冰冻千里型 6. 狂躁失控型
优与劣	专业技能	3. 吹毛求疵型 5. 无知无畏型
退与进	变革应对	4. 墨守成规型 10. 自发创新型
缺与滥	情感认知	7. 剥削成性型 8. 友好交换型

然后，对五个类别的内容找寻纵向关联（见表 3-17）。领导者是带团队的，要与人打交道，很多时候要通过发挥别人的作用来达成组织的目标。因此，对人对己的情感认知是基础，情绪掌控是对领导岗位发展的重要保证，工作方式是承上启下的手段，专业技能是重要的资源，变革应对代表领导者的格局。

表 3-17 对五个类别的内容找寻纵向关联

找寻关联	寻找特质	概括	分类
基础	缺与滥	情感认知	7. 剥削成性型 8. 友好交换型
保证	收与放	情绪掌控	2. 冰冻千里型 6. 狂躁失控型
手段	懒与苛	工作方式	1. 拖沓成瘾型 9. 完美控制型
资源	优与劣	专业技能	3. 吹毛求疵型 5. 无知无畏型
格局	退与进	变革应对	4. 墨守成规型 10. 自发创新型

最后，将"十种性格极端的领导者的表现"用图形呈现出来（见图 3-15、图 3-16）。

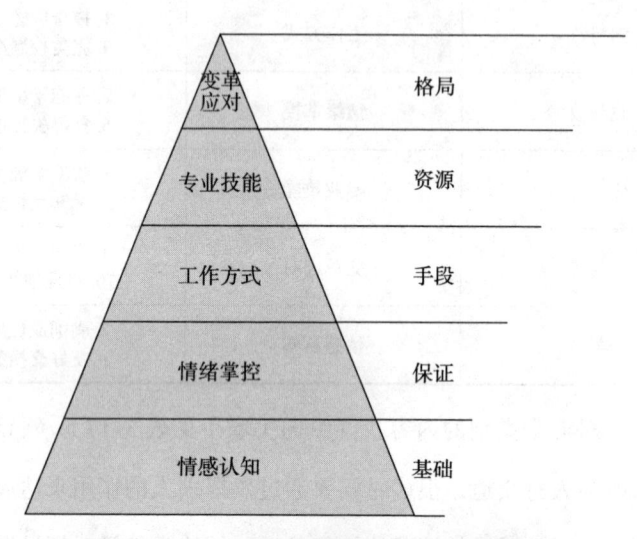

金字塔从上到下：
- 变革应对 —— 格局
- 专业技能 —— 资源
- 工作方式 —— 手段
- 情绪掌控 —— 保证
- 情感认知 —— 基础

图 3-15 十种性格极端的领导者的图形呈现 1

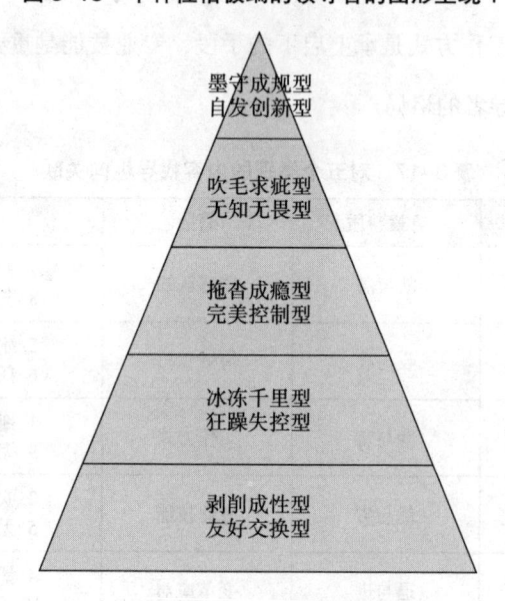

金字塔从上到下：
- 墨守成规型 / 自发创新型
- 吹毛求疵型 / 无知无畏型
- 拖沓成瘾型 / 完美控制型
- 冰冻千里型 / 狂躁失控型
- 剥削成性型 / 友好交换型

图 3-16 十种性格极端的领导者的图形呈现 2

这样,"金字塔"空间结构的逻辑构思图就完成了。

对原素材中"十种性格极端的领导者的表现"进行统合,呈现在学员面前的就是图3-15、图3-16。在培训课上,内训师就可以根据这两张图向学员讲解"特别"领导者的特征,这实际上已经超越了原素材的内容。我们的结构化构思,让已有素材实现了升级、跨越、创新,这就是结构化构思的魅力所在。

在企业管理综合类的课程设计中,空间结构是主要的逻辑构思方式。此类课程一般的开发(课程时长90分钟,容量<9页PPT)进度可参考表3-18。

表3-18 企业管理综合类课程开发进度表

序号	内容	时长	时长累计	备注
1	开发团队课题申报及(跨域、跨级)审核	1	1	
2	内训师选题(岗位对象、职级与内容确立)	1	2	
3	建立内容结构模型(二级目录)	1	3	
4	健全内容课纲(三级目录)	2	5	
5	开题初审(相关部门初审通过)	1	6	时长:90分钟
6	结合开题意见,调整题目、结构、课纲	1	7	容量:<9页PPT
7	素材收集	5	12	
8	制作课件	2	14	
9	录制试讲音频	1	15	
10	期中外审(管理类课程课件、试讲音频推送目标学员)	3	18	
11	根据外审意见纠偏	2	20	

（续表）

序号	内容	时长	时长累计	备注
12	素材补充	5	25	
13	完善课件	1	26	
14	答辩复审	1	27	
15	答辩后的调整	2	29	
16	实地授课（1~7次）	1~7	30~36	
17	授课后对内容细节的调整（每次课后调整内容不少于10%）	1	31~37	
18	定稿终审	1	32~38	
19	拍摄授课视频、撰写推广软文	2	34~40	
20	申报专利保护	21	55~61	
21	编撰课程实体文字	60	115~121	
22	出版印刷	—	—	
23	归档	1	—	

从表3-18可以看出，结构建模是一个课题起步阶段的重要环节，课程后续的开发都要依据结构模型展开。空间结构的设计相对于其他结构，在构思方面较为简单，新职内训师在课程开发中，可优先选择该结构来进行建模和素材加工。

破解先后顺序的时间结构构思图

课程结构并非将各素材要素简单相加，而是要"整理其秩序，斟酌其轻重，贯通其气脉，完善其境界，从而形成一个完整精密的生命体"[13]。面对大量的叙事素材，"秩序"是构思结构的首要考虑因素。

时间结构是按照时间发展过程、事件发生的顺序，由此及彼、层层递进地论述知识内容的构思方式。时间结构各要素之间有明显的先后顺序或递进关系，它能够回答"怎么做"的问题。

下面的就是典型的时间结构逻辑图（见图3-17）。

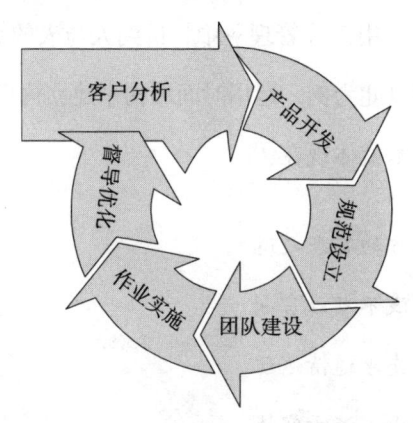

图3-17 典型的时间结构逻辑图

客户服务六步法

1. 客户分析：我们为谁服务

2. 产品开发：我们提供什么服务

3. 规范设立：我们达到什么标准

4. 团队建设：需要什么样的组织和人员

5. 作业实施：采用什么平台和方法

6. 督导优化：如何评价与完善系统

在"客户服务六步法"中，步骤（要素）之间呈现明显的时间先后顺序，尤其是最后一步（督导优化）与第一步（客户分析）又成了新的先后顺序,且形成闭环,有循环往复的服务思想在里面。

当然,在构思设计中,你并不一定要严格追求循环式、螺旋式的时间结构,只要能推导出要素之间的先后顺序、递进关系即可。

那么,时间结构的构思过程是怎样的呢?

曾仕强先生在《中国式管理》中,讲到人与人的交往中往往要注意沟通的艺术。我们以此为例,运用时间结构来建立构思逻辑模型。

这些沟通的艺术就体现在:

1. 了解对方的言默之道
2. 记住交浅不可以言深
3. 以情为先求通情达理
4. 言必有误不流于空谈
5. 言之成理不自相矛盾
6. 从容不迫不紧张急躁

第一步:分类(见表3-19)。

表3-19　第一步:分类

分类
1. 了解对方的言默之道 2. 记住交浅不可以言深
3. 以情为先求通情达理 4. 言必有误不流于空谈 6. 从容不迫不紧张急躁
5. 言之成理不自相矛盾

我们可以把上述六项内容分成三类。

第一类："了解对方的言默之道，记住交浅不可以言深。"讲的特质基本相同，都是指向沟通中的人，即沟通对象。

第二类："以情为先求通情达理，言必有误不流于空谈，从容不迫不紧张急躁。"讲的是沟通中的状态和方式，所以三项合并成一类。

第三类："言之成理不自相矛盾。"讲的是沟通后的结果。

第二步：概括（见表3-20）。

表3-20　第二步：概括

概括	分类
对象	1. 了解对方的言默之道 2. 记住交浅不可以言深
方式	3. 以情为先求通情达理 4. 言必有误不流于空谈 6. 从容不迫不紧张急躁
结果	5. 言之成理不自相矛盾

上面三类内容分别概括为：对象（1、2），方式（3、4、6），效果（5）。

第三步：寻找特质（见表3-21）。

表3-21　第三步：寻找特质

寻找特质	概括	分类
了解	对象	1. 了解对方的言默之道 2. 记住交浅不可以言深
讲解	方式	3. 以情为先求通情达理 4. 言必有误不流于空谈 6. 从容不迫不紧张急躁
理解	结果	5. 言之成理不自相矛盾

沟通"对象"要"了解"：了解对方有什么样的禁忌（言默之道），了解对方与"我"的交往程度（绝不可交浅言深）。

沟通"方式"来自"讲解"：先说什么再说什么（先情后理）；说的内容要诚实、真实、实事求是，不能因为担心对方误解而说空话、套话、大话（不可空谈）；说的态度（从容不迫）和状态（不急不躁）。

沟通"结果"达成"理解"：对说话沟通逻辑的理解（不自相矛盾）。

第四步：找寻关联（见表3-22）。

表3-22　第四步：找寻关联

找寻关联	寻找特质	概括	分类
沟通前	了解	对象	1. 了解对方的言默之道 2. 记住交浅不可以言深
沟通中	讲解	方式	3. 以情为先求通情达理 4. 言必有误不流于空谈 6. 从容不迫不紧张急躁
沟通后	理解	结果	5. 言之成理不自相矛盾

纵向寻找三类内容的关系（如果是时间结构的构思过程，那么应在这一步骤中给出明确的先后、递进关联表述），得出"沟通前—沟通中—沟通后"的联系：沟通前了解对象，沟通中讲解方式和内容，沟通后的结果在于理解。

第五步：图形呈现（见图3-18）。

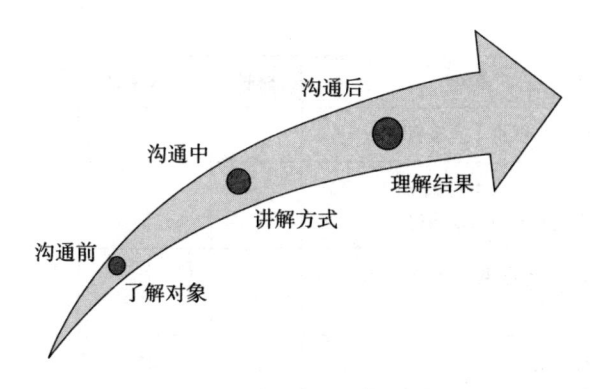

图 3-18 第五步：图形呈现

经过这五个步骤的解析，我们就将大家名著的内容转化、升级为自己的课程模型，并可以由此起个好标题，如《沟通的艺术在于求"解"》，再向学员展开演绎，就很完美了。

当然，原素材究竟应该使用空间结构还是使用时间结构来设计，完全取决于内训师自我的判断和选择。

有的内训师认为上面这个例子回答的是"沟通的艺术是什么"的问题，那么就可以采用空间结构；也有的内训师认为它回答的是"沟通的艺术是怎样实现"的问题，那么就别纠结了，直接使用时间结构就好。

我们经常在开发流程、技术类的课程时，使用时间结构（课程时长90分钟，容量<9页PPT）来回答"怎么做"的问题（见表3-23）。

表3-23 流程、技术类课程开发进度表

序号	内容	时长	时长累计	备注
1	内训师选题（行业岗位对象与内容确立）	1	1	时长：90分钟 容量：<9页PPT
2	建立内容结构模型（二级目录）	1	2	

(续表)

序号	内容	时长	时长累计	备注
3	健全内容课纲（三级目录）	2	4	
4	开题初审（人力资源部门、课题对应业务部门初审通过）	1	5	
5	结合开题意见，调整题目、结构、课纲	1	6	
6	素材收集	5	11	
7	期中预审	1	12	
8	根据预审意见纠偏	2	14	
9	素材补充	5	19	
10	制作课件	1	20	
11	答辩复审	1	21	
12	答辩后的调整	2	23	
13	实地授课（1~7次）	1~7	24~30	
14	授课后内容细节的调整（每次课后调整内容不少于10%）	1	25~31	
15	定稿终审	1	26~32	
16	拍摄授课视频、撰写推广软文	2	28~34	
17	申报专利保护	21	49~55	
18	编撰课程实体文字	60	109~115	
19	出版印刷	—	—	
20	归档	1	—	

此类课程经常会遇到操作步骤过多的情况，如果完全照搬到课程中，会增加学员记忆的难度。所以我的建议是，操作流程（步骤）超过七项

（步）时，应做合并处理，尽量不让学员因步骤繁多而产生畏难情绪。

矩阵结构助你探索新知

矩阵结构常常提供回答"为什么"问题的解决思路，也是破解原因、原理的常用图形。对矩阵结构的构思过程较为烧脑，其核心点是找到矩阵中的两个维度。

内训师在进行矩阵结构内容讲解时，一般耗时较长。所以在一些短时培训课程中，也会用空间结构替代矩阵结构分析因果类的问题。

我们用矩阵结构来分析一下下面的案例。

某集团公司召开2022年经营工作会议。受消费需求走弱、疫情等影响，该集团2021年的销量仅为2020年的一半。

会上，集团总经理强调，要找到2022年销售业绩增长的答案。任何答案都是由提出的问题决定的，他要求所有的销售部门为自己提出一个志在高远、富于挑战而又可行的问题，用来激励自己，破解答案，一起向未来，完成集团公司2022年稳增长的总体目标。

会后，各销售部门分别上报了自己提出的问题，经整理后报送总经理：

1. 我们如何做，才能使销量增加一倍？
2. 我们如何做，才能使今年的销量增加5%？

3. 我们如何做，才能使销量在三季度前增加一倍？

4. 我们如何做，才能增加销量？

不久，总经理批示："第三个问题提得好！可作为年度战略思路之一，将其纳入各个销售部门的年度计划中，众志成城、拓展思路、推动前行、全力达成。"

员工们非常不解："为什么领导者认同这样的问题呢？"

请作为内训师的你为此设计一堂mini课，为全体销售人员解读集团战略思路，以明确目标、肩负责任、完成使命。

这个例子实际上是要我们回答："为什么要向自己（集团）提出这样的问题"，或者更直白一些："为什么集团要选择这样的（战略）思路。"

第一步：分类（见表3-24）。

表3-24 第一步：分类

分类
1. 我们如何做，才能使销量增加一倍 4. 我们如何做，才能增加销量
2. 我们如何做，才能使今年的销量增加5% 3. 我们如何做，才能使销量在三季度前增加一倍

这里把四项问题分成两类。第二、三项问题之所以划分为一类，是因为其都有明显的时间界限："今年""三季度前"。第一、四项问题的时间线（从例子看都是2022年内）字面意思不明显。

第二步：概括（见表3-25）。

表 3-25　第二步：概括

概括	分类
宽泛	1. 我们如何做，才能使销量增加一倍 4. 我们如何做，才能增加销量
具体	2. 我们如何做，才能使今年的销量增加 5% 3. 我们如何做，才能使销量在三季度前增加一倍

从两类问题的表述上分别概括为"表述宽泛""表述具体"，而且在这一步骤中，如果用的是纵向观察，那么可以隐约看出二维矩阵当中的一个维度：目标。

第三步：寻找特质（见表 3-26）。

表 3-26　第三步：寻找特质

寻找特质	概括	分类
大与小	宽泛	1. 我们如何做，才能使销量增加一倍 4. 我们如何做，才能增加销量
大与小	具体	2. 我们如何做，才能使今年的销量增加 5% 3. 我们如何做，才能使销量在三季度前增加一倍

这里要看每一类的两个问题，它们的字面意思都会有达成难度大与小的特质。

"目标宽泛"类：

难度大——我们如何做，才能使销量增加一倍；

难度小——我们如何做，才能增加销量。

"目标具体"类：

难度大——我们如何做，才能使销量在三季度前增加一倍；

难度小——我们如何做，才能使今年的销量增加 5%。

根据我们寻找到的特质，可以判断出矩阵的第二个维度：挑战难度。

第四步：找寻关联（见表 3-27）。

表 3-27　第四步：找寻关联

找寻关联	寻找特质	概括	分类
迎难而上 择路而行	大与小	宽泛	1. 我们如何做，才能使销量增加一倍 4. 我们如何做，才能增加销量
	大与小	具体	2. 我们如何做，才能使今年的销量增加 5% 3. 我们如何做，才能使销量在三季度前增加一倍

第五步：图形呈现。

根据前四个步骤的分析，得出的构思逻辑图为（见图 3-19）：

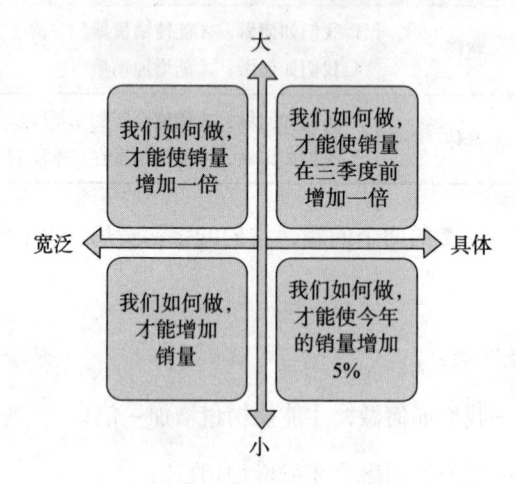

图 3-19　第五步：图形呈现

经过进一步整理，其矩阵结构图为（见图 3-20）：

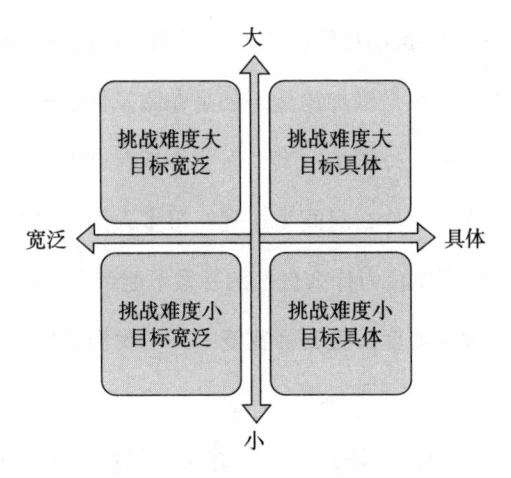

图 3-20 整理后的矩阵结构图

从结构上来看，每个象限都是通过增加销量来解决问题的。下面，我们沿着图 3-20 中顺时针的方向，从第四象限开始，来看一下每个问题好在什么地方，其不足又是什么。

第四象限，挑战难度小且目标具体——"我们如何做，才能使今年的销量增加 5%"。

提出这个问题其实是有非常明确的方向的，但这个问题基本没有什么解决的难度。对于大多数销售活动来说，销量增加 5% 的目标并不难实现，只需要等待市场行情变得更有利，就能轻而易举地实现。但这充其量也就是销售收益上的增加，并不会改变集团公司的发展轨迹。所以这个目标尽管具体，却定得太低，挑战难度小，不需要付出太大的努力。当集团公司业绩大幅下滑到低谷时，这点"小增长"也不会带来有重大意义的结果。

第三象限，挑战难度小且目标宽泛——"我们如何做，才能增加销量"。

这个问题讲的不仅是增加销量，还是在激发你去思考。你可以把所有方案都列出来，但选择哪个方案，需要你拥有这方面丰富的知识。销量增加多少合适呢？到什么时间为止呢？很多人把问题问到这里就结束了，所以他们始终不明白为什么自己的答案不能带来好的结果。

第二象限，挑战难度大且目标宽泛——"我们如何做，才能使销量增加一倍"。

能问出这个问题，就是开了一个好头，但如果给出的条件不够具体，就会进一步产生很多问题，而且得不到正确的答案。在未来五年内使销量增加一倍？还是在一年或者更短的时间内实现这个目标？二者的区别相当大。我们可以问自己很多问题、做很多选择，但会因为不了解细节而无从下手。

第一象限，挑战难度大且目标具体——"我们如何做，才能使销量在三季度前增加一倍"。

这是集团领导者认可的，且作为年度战略思路来落实的问题。因为这个问题迎难而上且目标具体。想使销量增加一倍，绝非易事；给自己规定用三个季度的时间达到这一目标，算是巨大的挑战了。所以，集团领导者需要的是全体销售人员找寻一个强有力的答案，每名员工要打开自己的思路，跳出常规的思维方式来看待这个问题。

以上，我们运用矩阵结构解析了"为什么集团要选择这样的（战略）思路"，四个象限的区别一目了然。每当你提出一个好问题时，你其实都是在追求一个伟大的目标，都是在往挑战"大而具体"的方向前进。"大而具体"的问题,会带着你找到"大而具体"的答案,而这种答案对于宏大目标的实现非常有必要。

培训课程中的新知点从来都不是显而易见的。而矩阵结构可以助你破解"为什么"问题的新知点,它需要你在构思的过程中对矩阵的维度时刻保持敏感,过程中的探索会推动你前进,拓展你的思路,从而带你找到与众不同的精彩答案。

课程推介单的设计

课程,是内训师在组织内的"安身立命"之本。开发新课程,则是内训师必经的成长发展之路。内训师就像一个普通的演员,那么普通的演员怎样才能成为明星呢?最便捷的途径就是演一个好剧本、唱一首好歌。想要把你的"剧本""歌曲"完美地向组织的培训经理或主管展示,就需要你提前做好新的课程推介单,介绍目标课程的开发情况及推介说明。

课程推介单就像培训课程的"平面广告片",既是组织内部传播新课程信息的载体,又是吸引同行了解并参与培训活动的工具。课程推介单主要包含以下四个设计要素。

课程题目:对象+内容

课程题目应该体现培训面对的对象和课程的简要内容。这也是区别培训课程与教育课程的关键点。

"营销学实务"与"新职营销经理的管理技能"这两门课程，哪一个更像培训课程呢？显然是后者。因为这门课程的对象是有针对性的，即"新提拔上任的营销经理"；培训内容也很清晰，即"管理技能"。这样才有指向性，才能聚焦。相反，"营销学实务"不是培训课程，它更像是学校里的通用类课程，更多的是对科学理论的传导、对概念体系的宣贯，而非针对行业、岗位中的应用。另外，类似"营销学实务"的课程没有聚焦培训对象，具有较高的普及性、通用性和广泛性，但缺少针对性、深入性，往往忽略了参训者的实际需求。而培训课程的主要价值是为组织带来绩效改善，往往是应用理论的经验沉淀。

很多内训师认为，给新开发的课程起个别致、好听的题目，在首因效应的作用下就可以增加培训部门采购该课程的可能性。这种想法没有错，比如我们可以把课程题目分为主、副标题。

主标题要闪亮吸睛，表述要简洁清晰，一般控制在1句话或12个字以内。如《×××事业部锦鲤特训营》《360度领导力》等。

副标题用来展示对象和内容。如《360度领导力——中层管理干部全方位能力技巧提升》。

所以，内训师在确定课程题目时，要明确培训课程的目标对象群体和课程主题内容，方便目标学员进行自我归类，增强培训项目的针对性。其中，目标对象应明确准学员的职级（高层、中层、基层）和岗位业务类型。

开发背景

培训课程的开发背景主要是为了说明新课程的提出原因、课程优势及独创性。内训师可以从组织现有培训课程体系的不足或（现状困境）问题入手，围绕组织发展、团队建设、绩效改善等尚存问题，为开发新课程的提出埋下伏笔。

下面，我们以某建筑工程企业"卓越项目经理复合技能训练"的课程开发背景为例进行说明。

> 近四年，我公司承揽大量地铁工程标段。针对地铁施工中项目经理所暴露出的一系列管理问题，我们通过参与施工项目管理现场分析，从培养企业项目管理人员独立承担工程项目管理能力入手，激发项目管理人员在项目管理过程中处理和应对突发问题的能力，把提高项目管理人员的职业价值作为重点，帮助公司更好地根据客户的需求实施项目。同时，通过对项目的时间、成本、质量、风险等实行综合有效的控制，达到甚至超出客户对项目的期望值，不仅提高了客户的满意度，增加了市场竞争力，而且使企业在项目中的投入更加经济、高效，从而保证利润的最大化。

内容纲要

对培训课程进行简要的概括性说明，包括课程目标和课程大纲。课程（目录）大纲一般至少要呈现二级目录。下面举例的是 3 课时的"总部中层管理者的执行艺术"课纲（见表3-28）。

表3-28 "总部中层管理者的执行艺术"课纲

总部中层管理者的执行艺术	

导论：
总部中层管理者执行本质：忠诚
执行裂变的三大"驱动"
1. 认同：总部组织目标的内化
  1.1 总部组织中"潜"规则
    1.1.1 业绩自动折旧
    1.1.2 勿与组织为敌
    1.1.3 只能与庄共舞
    1.1.4 结果证明能力
    1.1.5 总部也有性格
  1.2 执行行为变化三层逻辑
    1.2.1 底层：体验竞技式
    1.2.2 中层：强化训练式
    1.2.3 顶层：反思裂变式
2. 启动：总部组织能量的外化
  2.1 宣示行动计划
    2.1.1 宣示计划五要诀
    2.1.2 进攻准备四要领
  2.2 执行感召七式
    2.2.1 利害诱导式
    2.2.2 意念渗透式
    2.2.3 情境示范式
    2.2.4 缓冲说服式
    2.2.5 间接通道式
    2.2.6 快速细节式
    2.2.7 反转说服式
  2.3 优秀团队素能模型
    2.3.1 执行团队的人才特质
    2.3.2 不完美的个人与完美的团队
	3. 加速：总部组织能量的裂变
	  3.1 引领团队的"头羊"
	    3.1.1 在多个单点上找到高度
	    3.1.2 以多点高度构成面的完美
	    3.1.3 让正向行为在群体中固化
	  3.2 追随者的四大热键
	    3.2.1 占有欲占主导的下属
	    3.2.2 控制欲占主导的下属
	    3.2.3 表现欲占主导的下属
	    3.2.4 安全感占主导的下属
	  3.3 干才流失的四项对策
	4. 校正：总部组织目标的达成
	  4.1 执行团队七步达成法
	    4.1.1 选择：选择比努力更重要
	    4.1.2 预热：达成的第一步是激活
	    4.1.3 传授：良师皆为严师
	    4.1.4 模拟：操场之汗，战场之血
	    4.1.5 校正：个体因系统而变
	    4.1.6 习惯：能力是银，习惯是金
	    4.1.7 创新：最好的执行是创新
	  4.2 执行意志培育四步
	    4.2.1 植入：耳濡目染
	    4.2.2 成长：心领神会
	    4.2.3 结果：身体力行
	    4.2.4 再生：言传身教

在这个课程大纲中，一级目录是指该培训内容的章节标题，二级目录是指每一页 PPT 的标题，三级目录是指当页 PPT 内的子项标题。

讲义设计说明

讲义设计说明也称作讲义设计的"五线谱"，主要通过对下面五个主要模块的设计来聚焦讲义的内容（见表 3-29）。

表 3-29　讲义设计的五个主要模块

时间线	内容线	方法线	资源线	目的线
8:30—9:30	公司的现状与愿景	讲授法/演示法	投影仪	具体感知
9:45—10:45	员工的使命	讲授法	投影仪	思考解析
11:00—12:00	我为什么选择本公司	研讨法	白板/纸笔	感知与感动
午餐、午休				
13:00—14:00	优秀员工的成功之道	案例法	随堂讲义	感知与解析
14:15—15:15	公司的组织与制度	讲授法	投影仪	感知与理解
15:30—16:30	新员工的职业规划	游戏法	白板/纸笔	引发行动

时间线。时间线表明讲解内容时所需的起止时间，划分整个培训的进度，便于内训师把握进程。

内容线。内容线指本段内容需要向学员传达的知识或技巧，在这里扼要地标明应该注意的地方（一般只需简明标明几点，不必太复杂，主要是为了厘清思路）。

方法线。方法线指本段内容应该如何呈现，利用哪些培训技巧和方法与课程内容要点结合才能发挥最大的效果。

资源线。资源线指课程所需要的物资、设备、道具等。

目的线。目的线指为什么要用这样的方法来讲解内容。内训师不能基于自己的习惯，而是要通过运用某种授课技巧分享内容达成某种目的，要让培训职能部门心中有数。

PPT 制作与设计要点

PPT 文稿容易被忽略的地方

培训内容准备就绪后，接下来就需要制作一套精美的 PPT 文稿把它呈现出来。相信对于 PPT 的设计，每一位内训师都有自己的标准。可能你会说字不用宋、排版对齐……也可能会说图要高清……这些标准都是经典的套路，但最容易被忽略的恰恰是 PPT 文稿的页数。

我曾经遇到过这样一位内训师：一堂 3 小时的培训课，他的课件页数居然达到了 130 多页。他在课上以"照本宣科"为主，除了课间的 10 分钟，平均 1.5 分钟就要按一次回车键，更换页面内容。听课的学员不要说思考，连记笔记的时间都不够。这种把学员"折磨"得疲惫不堪的"抢险式"笔记课，能有多好的培训效果呢？

PPT 文稿和教科书是不同的。教科书是用来"读"的，PPT 文稿是用来"讲"的。把"读"的内容放到"讲"的页面，你就只能算是一位搬运工。与其如此，还不如把PPT文稿直接印刷出来，发给学员自己阅读。学员都能看得懂文稿，你作为内训师，"讲"的价值又在哪儿呢？PPT文稿的页数过多所暴露出来的主要问题，是你的提炼能力不足，应付态度冗余。

PPT文稿页数绝不是越多越好。内训师在培训课堂上，一页PPT内容呈现应不少于10分钟。所以，一堂培训课所要制作的PPT数量大致为：

$$页数 = [总时长/10] + 2$$

即：总时长（分钟数）除以10，取整，加2（一般为封面或结尾页）。

字里行间

当PPT的总页数确定后，下面就要看看PPT文稿中文字的设定问题了。

在为PPT内容选择字体时，最容易被忽略的是字体的种类数量。我们通常需要考虑的是版式设计、展现层次，所以字体的选择要遵循"皆二连三"原则：

> 1页PPT文稿内，只使用2种字体；1套PPT文稿的字体种类，最好不超过3种。

大部分内训师都知道，使用不同字体的搭配组合，能够较好地区分内容。但是，太多种类的字体会让人产生零碎、烦琐的感觉。所以字体种类不宜过多，能清晰表达出不同的内容就好。当每页 PPT 文稿选择两种字体进行搭配时，标题字体应满足笔画较粗、字号偏大的特点，正文字体要合乎笔画较细、字号偏小的要求。

对字号大小的选择，目标是让培训教室的后排学员也能看得清。每页 PPT 文稿标题字号以 36 号（封面字号为 40~48 号）为宜，正文字号应避免小于 18 号。

接下来说说对 PPT 的正文内容如何进行排版。对于必须用大段文字呈现的内容，除了字体、字号的选择要合理之外，还要考虑学员阅读的舒适感。想要有阅读的舒适感，你需要格外注意的就是行距（见图3–21），一般选择的是 1.3 倍的行距。

行距 = 1.0
你瞅啥？在这儿呢，我就是你要找的行距！ 你瞅啥？在这儿呢，我就是你要找的行距！ 你瞅啥？在这儿呢，我就是你要找的行距！

行距 = 1.3
你瞅啥？在这儿呢，我就是你要找的行距！ 你瞅啥？在这儿呢，我就是你要找的行距！ 你瞅啥？在这儿呢，我就是你要找的行距！

行距 = 1.5
你瞅啥？在这儿呢，我就是你要找的行距！ 你瞅啥？在这儿呢，我就是你要找的行距！ 你瞅啥？在这儿呢，我就是你要找的行距！

图 3–21　不同行距呈现效果举例

从图 3-21 可见，在阅读 PPT 文稿内容时，因为扩大了两行文字之间的空间，内容的排列不会显得非常拥挤，所以学员的阅读体验会更好。

当然，PPT 文稿不能完全做成 WORD 文档，那样视化效果就太差了。如果页面内容真的很少，那么还可以对内容进行一定程度的"偷懒"处理：

将页面中的关键词提炼出来，重复在页面上进行摆放，制作成文字云背景墙；

使用图片填充文字；

使用书法字体。

另外，你的 PPT 内容中可能还有不少数字，这些数字可能是跟业绩有关的数据，也可能是跟客户相关的数据，那么最好用标准的数据图表来呈现。如果你想形式更活泼，不要太死板，那么还可以借用图标，达到可视化效果；借用图形，保证形式更加多样；借用图片，让学员产生共情。

图文契合、图标配合

在 PPT 制作中，图片的重要性不言而喻。很多内训师痴迷于收集大量的图片素材网站，但最容易忽略的其实是文字和图片的契合度问题。

在为培训内容进行配图时，内训师首先要考虑的是文稿内容被呈现后所导致的结果，而非图片本身所传递的含义。所以，图文的契合度永远高于图片本身的观赏性。

只有内训师明确了课程主题内容再去图片网站搜图，其所用图片才有意义。下面，给大家推荐几个我经常使用的搜图网站：

https://pixabay.com/（全球领先的免费版权搜索引擎）

https://www.pexels.com/（免费素材图片）

http://unsplash.com/（精美免费影像及图片）

https://www.quanjing.com/（优质的图片库和高清图片网站——全景图库）

https://www.gratisography.com/（免费高清图片）

https://500px.com.cn/（500px摄影社区：与全球摄影师交流分享）

除了上面几个网站外，你也可以经常转转花瓣网（huaban.com）、别样网（ssyer.com），上面可以使用的素材也很多。

上面我大致讲了图片的使用技巧，下面我再讲讲图标的使用问题。需要注意的是，图标不可盲目堆积，而要用到合适的地方。图标可以用于章节概述，也可以在文字多的地方配合内容理解，或者与图片相结合来解释图片。这里给大家提供两个拥有海量小图标的网站：

http://www.iconfont.cn/（阿里巴巴矢量图标库）

http://www.flaticon.com/（矢量图标及贴纸）

如果你能够在日常浏览网页时，有意识地为之后制作的PPT保存图片（图标），那么你就能拥有超越常人的"储备"。任何"临时抱佛脚"都是不得不妥协的结果。

配色有依据

除了图片、图标的应用外，另一个容易让人忽略的问题是配色。

在一套 PPT 文稿中，往往有一个贯穿始终的主色和若干个与之搭配的辅助色。如果你不太会配色，那么我这里有个简单粗暴的办法可以分享给你：找一个配色网站，在该网站所提供的任一组配色方案中，选择其中一个作为主色，其他的均作为辅助色即可。当然，借助 PowerPoint 软件自带的配色方案，也是非常好的偷懒方法。那么主色怎么确定呢？主要依据的是你所在组织 logo 的颜色所在的色系，这样选择起来就很简单了。

如何提高你的 PPT 颜值

下面是我的一个客户讲述的真实故事：

某位内训师在某次培训结束后接受训后书面测评，在"您对内训师 PPT 设计有何评价"一问中，遭到了学员的花样吐槽。

魔幻式评价：飞沙走石、大红大紫、鬼斧神工、在劫难逃。

凉凉式评价：从来没见过这么丑的，乍一看挺丑，仔细一看——更丑！

婉约式评价：看了课件就闭上了眼睛，没逃课全靠你的长相留住了我……

你看，丑陋的PPT为学员留下了不可磨灭的"印象"，让你精心准备的培训课都变得"不香"了。

那么，该如何为自己的PPT"整容"，使之变得漂亮呢？做课件本身是一个系统工程，有经验的内训师往往会从内容制作、视觉优化入手，对PPT培训文稿的封面、过渡页、内容页、结尾页等进行整体的排版制作。

封面："脸蛋"要干净

封面，是PPT留给学员的第一印象，会影响他们对培训内容的初步判断。

封面这张"脸蛋"最重要的是干净。文字型封面是最简单、平稳的——背景填充成深色，加上主副标题，居中对齐排版，就能马上解决问题。想要避免视觉单调，也可以对文字进行艺术化处理，效果就更好了。

"干净"还体现在使用图形、图标数量的节制上。封面上的图形、图标选择一个即可，可左图右字，也可上图下字，但一定要契合主题。

此外，"干净"还体现在主讲人的头衔上。无论你授课前在组织内处于什么样的高位、掌握什么样的资源、取得什么样的成绩和声望，这些内容都不应在封面上出现。培训的讲台是智力分享的舞台，不是个人头衔、资历的展台。正所谓"盛"名之下，其实难副。头衔多了，学员的胃口被吊高了，期待就高了，标准也高了，但是你的课程分享配得上吗？如果讲得不好，你还下得了讲台吗？说实话，除了你自己，没人能记住你冗长的头衔。你要做的其实是让学员记住你的内容、观点、思考，或者一页"干净"的封面，这样就可以了。

过渡页：要突出对比

PPT 文稿的过渡页，往往指的是课程的章节目录（也称作一级目录）。

目录类型的过渡页主要起到承上启下、兼具提醒的作用，重点在于突出"对比"。你可以通过颜色对比来突出内容，比如：要讲的板块内容是彩色，那么其他内容就用浅灰色。你也可以通过不同的字体字号进行对比，体现页面的层次感。

在做大小对比时，我们经常在两个方面"做"大：

第一，将章节序号、数字做大。这样可以提高过渡页页面的美观度。

第二，将数字翻译成外文后再做大。如果能调整一下字母的透明度，会使其更加自然地融合于页面中。

当然，过渡页也不可过度。时长 3 小时以内的培训，过渡页能不做就别做了，还是把精力放在内容页上吧。

内容页：注重小细节

尽可能把有关联的内容放在一页，遇有大量内容时，可提炼关键词进行分步演示。保证（全套课件）页面间距和边距统一，多段文字排版的时候尽量做到左右两端对齐。不管你的培训是半个小时，还是一整天，你都要在事前进行至少一次的完整排练，PPT文稿要与授课内容同步，为防止记忆和设备出现意外状况，必要时要开启演讲者视图。

结尾页：不止有致谢

结尾页最大众化的设计无外乎"谢谢"二字，最多整出点花样字来。但是，这样做真的是辜负了它的位置。结尾页既不能草率收兵、虎头蛇尾，也不能拖泥带水、画蛇添足，最重要的是不能脱离课程主题。放在这里的图与色要服务主题表述，一定要托住整篇PPT，自然地"上承他事"。你的联系方式、相片和头衔就别放上去了，在这个位置它们真的不重要。

结尾页可简可繁。有的结尾页很简单，就那么一句（段）话，却意味深长，令人思索，让学员永生难忘；有的结尾就那么一幅图，却入木三分、沁人肺腑，给人留下深刻印象。一句（段）话也好，一幅图也罢，都是对课题的总结和升华。

第四章

培训的过程可以很精彩

声情并茂的培训课堂

驾驭语调，展现表达实力

在人际交往中，人们一般会通过声音语调来了解对方的情感变化：喜者笑容声欢，怒者挺胸声恨，哀者呆容声悲，惊者身战声竭。

在培训课堂上，内训师的语言表达能力高低、情感传递强弱，与恰当选择、运用声音语调有很大的关系。有的内训师口头表达能力强，重视语调抑扬顿挫的变化，哪怕是讲解抽象、枯燥的内容，也能牢牢地吸引学员；而有的内训师总是用呆板、平淡的语调讲话，即便讲解生动、有趣的内容，也会使学员昏昏欲睡。

一名优秀的内训师，往往具有较高的驾驭语调的能力，使自己的课堂语言富有表现力、说服力和感染力。

语调练习并不难

语调设计中蕴藏着丰富的思想情感表现，它由声音停顿、语气轻重、语速快慢和音量高低四个要素组合而成。要素的组合变化，构成了艺术化语言表达的各种调式，这些调式有助于表述观点、立场、认识、理解、态度和情感。一般来说，有以下几种常见的情况：

表示吸引，可以用到高音、休止、低音；

表示强调，可以用到重音、慢速；

表示激励，可以用到高音、重音、快速；

表示感动，可以用到休止、低音、慢速。

同一语调要素可以表达不同的思想感情，而同一思想感情也可以用不同的语调要素加以表现。我们在课堂上选择和运用语调时，必须考虑到这一点，做到灵活自由，而不能刻板划一。当然，虽然语调有一定的表情达意作用，但也不可夸大它的作用。语调的运用不仅要服从于内容，而且要考虑对象、场合和目的等因素。总之，语调的运用必须从授课的实际出发，讲究实效。

语调产生节奏，节奏吸引学员

语调的上述四个要素紧密联系、互相影响、共同配合，由此产生了课堂表达的节奏。在课堂上，一般有以下几种节奏：

强刚节奏。声调高亢铿锵，内容相对凝练，语速稳中有快，风格浓烈刚正。这种节奏模式常用于激励类课程，其感情色彩比较浓烈，震撼力较大。

柔和节奏。声调轻细平和，语速持中略缓，内容相对松散，风格柔和雅致。侃侃而谈、娓娓道来、和风细雨、行云流水是对这种节奏的形象描述。这种节奏更多在沟通类、礼仪类课程中出现，其感情色彩比较柔和优雅，渗透力较强。

紧凑节奏。语速快，停顿短，内容及手法的变换较快、较多，层次结构特别紧凑。这种节奏在演讲训练中运用较多，其感情色彩激越澎湃，冲击力较强。

舒缓节奏。语速慢，停顿长，内容、风格及手法等的变换较缓、较少，层次结构相对松散。这种节奏在新员工入职（制度）培训中经常出现，其感情色彩一般显得比较严肃和庄重。

平朴节奏。发音不高不低，语速不快不慢，声调不抑不扬，停顿不长不短，语气相对平淡，风格、手法无明显变化。这种节奏主要出现在专业主题的培训课堂上，其感情色彩比较节制或贫乏。

对于内训师而言，最好的节奏是多种节奏的交织组合，我们称其为"交响式节奏"。曾经有一位意大利的女歌剧演员，请一些朋友在饭店里吃饭，这些人全部来自国外，不懂意大利语。她开始拿起一张纸读给大家听，声情并茂，结果客人们都感动得哭了。他们虽然没有听懂她说的话是什么意思，但是全都被她的语调所表达出来的感情深深感染了。其实，这位女歌剧演员念的只是菜单而已。

这就是语言的魅力，更准确地说，是通过对语调、节奏的灵活运用所带来的魅力。所以，同样的一堂课，同样的词、同样的句，内训师用不同的语言方式表达出来，效果会截然不同。

停顿训练，让表达歇歇脚

说话时或长或短的间歇就是停顿。这不仅是生理上换气的需要，更是表情达意的要求。它让内训师把内容表达得更清楚、更明白，更便于学员思考、理解和接受。

课堂的表达必须注意适当地运用停顿。语言总是一句一句说的，这样势必有断有连。这些长短不同的停顿，在句与句的连接上自然形成了疏密不同的状态。书面语言可以借助标点符号表示断和连，而课堂口语只能靠内训师准确的停顿来体现。口语中哪里当断、哪里当连，全由内训师的思想情感决定。当断不断，听起来模糊不清；当连不连，听起来破碎混沌。同样一句话，由于断与连的不同，意思的表达也完全不同。

〖例〗我们的学习小组战败了 | 竞争对手夺得了第一名。

我们的学习小组战败了竞争对手 | 夺得了第一名。

由于断连的处理不同，前一句中夺得了第一名的是"竞争对手"，后一句中夺得了第一名的是"我们的学习小组"。

在表达时，各层次内容之间要停顿，句子与句子之间要停顿，句子内部也要有停顿。这里主要指的是句子内部的停顿，有语法停顿、强调停顿和气息停顿三种。

断在语法上

语法停顿指的是显示句子的各种语法关系的停顿。书面语中主要以标点符号安排停顿，而口语中则要根据句子成分之间的关系来安排停顿。一般讲来，段落层次之间、句子和句子之间都要停顿，且时间略长些；句子成分之间也要有停顿，停顿时间略短些。一般情况下，主语和谓语之间、谓语和较长的宾语之间、谓语和较长的补语之间等都可稍作停顿。

〖例〗一个拿着伞抱着书的女学员 | 从培训室外走进来。

这句话的主语是"女学员"，而且修饰语较长，应在主语、谓语之间安排停顿。

〖例〗我们必须强调 | 培训是检验企业成熟度的标准。

这句话的宾语较长，在谓语后边应安排停顿。

〖例〗学员们兴奋得 | 一边拍手一边叫。

这句话的补语较长，在谓语和补语之间也要适当停顿。

停在强调上

强调停顿指的是为了强调某个事物，突出某一语意或某种感情所作的停顿。

【例】小王这种成就他人必先提升自我的精神，表现在｜她｜对学员的极端负责任、对培训对学习的极端热情上。

为了突出"成就他人必先提升自我"的精神的两个表现方面，在"她"的前后需要有强调停顿。

顿在气息上

气息停顿指的是因语句太长，一口气说不下来，生理上需要换气所作的停顿。

【例】你站在会议室门外，焦急地等待着上课的音乐，可是等来的｜是学员们为祝福生日快乐所准备的｜姹紫嫣红的花束。

这句话的后一个分句较长，如果一口气说下去，就会感到气不够用，学员听来也感到紧张费力，这就需要适当地缓和气息，在"｜"处停顿一下。

总之，停顿要根据表达的内容、具体的语句来安排，要以思想感情的运动状态为前提，要从学员的"听"和内训师的"说"这两方面的需要去考虑。一般说来，句子越长，内容越丰富，停顿的地方就越多；感情凝重深沉时，停顿也要多一些。与之相反，句子越短，内容越浅显，停顿就越少。尤其是在感情欢快急切时，停顿就会较少，而连接就紧凑得多。

重音训练，语重情长

说话时，人们总是根据表达内容的需要，把某些词语和句子说得轻一些，把另一些词语和句子说得重一些。重音是和轻音相对而言的。重音有引起注意、突出重点、启发思维的作用。如果内训师讲话声音的强度和力度总是一样大小，其语调必定平淡呆板，表情也不会太丰富，表意也就不可能很清楚。在课堂表达时，要表示某些突出、照应、肯定等作用的语句时，往往要用重音，情绪激动、感情强烈时往往也要用重音。

语法之重，重在逻辑

语法重音指的是在不表示特殊意义的情况下，根据语法结构的特点，把某些词或句说得重一些。常见的规律是：普通短句一般谓语重说，定语、状语、补语或句子中的疑问词、指示代词往往重说。

〖例〗他是内训师。（短句谓语要重说）
　　　学员渐渐地被吸引了。（状语要重说）
　　　你为什么不来培训？（疑问词要重说）

强调之重，重在情感

强调重音指的是为了表示某种特殊的感情或强调某种特殊意思，而故意把一些音说得重一些。语句中什么地方该强调重音，并没有固定的规律，而是由说话时的环境、内容和感情决定的。同一句话，强调重音不同，表达的意思往往也不同。比如，一句普通的陈述性话语——"我要在明天见到这位学员"，如果想强调其中某一个词的语气内涵，便可以出现下述不同的话语意义。

〖例〗我要在明天见到这位学员。（意思是，不是其他任何人。）

我要在明天见到这位学员。（意思是，我不管你是不是同意。）

我要在明天见到这位学员。（意思是，这是我要做的事情。）

我要在明天见到这位学员。（意思是，不是别人。）

我要在明天见到这位学员。（意思是，不是今天，也不是其他任何时候。）

总之，重音并不是简单的同等音量的加重。如果在课堂表达时，凡"重"就使劲，那么也会给人一种呆板单调、不舒服的感觉。最好的办法，莫过于在运用弱中加强、低中见高、快中显慢、实中转虚、连中有停等方法时，根据实际情况，灵活地去表现各种重音。

语速不能超过脑速

语速指的是表达速度，其快和慢是相对的，如果以每分钟200个音节为中速的话，那么多于 200 个音节则为快速，少于 200 个音节则为慢速。表达得快，起到刺激和激励作用；表达得慢，起到强调、威慑、渲染及控制作用。

有位内训师曾经问过我这样一个问题："为什么相同的内容，有的内训师讲课时学员都觉得不深刻，而有的内训师讲课时学员就觉得深刻得多呢？"后来，我们观摩了他的课程，调整了他讲课的语速之后，学员立刻就觉得他的课内容深刻了许多。

因为这位内训师之前讲话"太流利"了，语速快到让学员应接不暇，学员自然会产生疲惫感，很难对内容留下什么深刻的印象，效果就要大打折扣。因为语言流畅、语速太快，相对来说思维速度就显得慢了，这样思考就不会深刻。

〖例〗今天我和大家分享一个课程，这个课程叫作"在培训中成长"。我在 2017 年注册成为公司的培训师，到现在为止，我在这个岗位上工作了五年。

如果加入停顿、重音、快慢，那么就会是下面这样的效果（"＿"表示慢速）：

〖例〗今天｜我和大家分享一个课程｜这个课程叫作什么呢｜"在培训中成长"｜我｜先从自己讲起｜我在 2017 年注册成为公司的培训师｜到现在为止｜多长时间了呢｜我｜在这个岗位上工作了五年。

这样调整后，就会让学员听起来更清晰、更舒服。同样的上课时间，语速快的内训师必须讲更多的内容，又不帮助学员总结、提炼，学员就会感到混乱，这样就造成了学员的反感。

语速慢下来，可以让你缓解思维的压力，留给自己相对充裕的时间缓冲，还可以让学员有时间思考。如果学员对你的表达内容没有任何反应的话，你的影响力就太小了，就好像天上的流星划过一般。

表达速度的快慢主要和交际的目的、内容有关。

首先，表达速度的快慢和环境气氛有关。在紧张热烈、急剧变化的环境中，说话自然要快些。一般对话、闲谈絮语，速度就会慢些。急呼、争辩、质问、抨击时就要快些。

其次，表达速度的快慢与说话人的情绪有关。心情激动时，如亢奋、愉快、急怒、惊恐等就要快些，而心情平静、沉重、失望时就要慢些。

最后，表达速度的快慢还与人物的年龄、身份、性格有一定的关系。一般讲来，年轻培训师说话快些，而年长的培训师说话相对慢些；活泼开朗、聪明机智的培训师说话就快些，而憨厚老实、沉着镇静的培训师说话就慢些。

总之，运用表达速度的快慢可以表达出不同的情绪和气氛，增强语言的表达效果。是快是慢，要因人而异，因事而异。该快就快，该慢就慢。太快了，听的人无暇思考；太慢了，又使人感到死气沉沉。

通过声音高低，释放你的情感

说话时声音高低、升降的变化都能够有效释放出表达者的情感。

高音可以用在激励和吸引学员的注意力上。低音往往在表达中是最感人的。我们在强调音响品质时，往往会对低音提出更高的要求，因为低音最容易表情达意。

一句话的升降变化，往往在句子的末一个音节上表现得最显著（句末如果是语助词或轻声字，就表现在前边的一个音节上）。一个句子的高低升降变化叫句调，句调有"平、升、降、曲"四个类型。

平调

整个句子语势平稳舒缓，没有明显的高低升降变化。叙述、说明的句子，表示迟疑、沉思、冷淡、严肃、悲痛、悼念等感情的句子多用平调。

〖例〗我做内训师已经十一年了，现在是一家企业的培训经理。

升调

句子语势逐渐由低升高。一般表示疑问、反诘、呼唤、号召等语气，或者满怀信心、心情激动。

〖例〗你可知道，内训师的幸福是怎样的吗？

降调

句子语势先高后低，逐渐下降，末尾低而短。一般表示肯定、恳求、允许、感叹、自信、祝愿等语气，或心情沉重等情感。

〖例〗好，你马上就去吧！

〖例〗啊，多么卓越的组织啊！

前一句表示允许，后一句表示感叹，句调都是由高到低，逐渐下降。

曲调

句子语势有曲折变化，或先升又降，或先降又升，或句末一音节特别加重，拖长并造成曲折。一般表示夸张、反语、幽默、嘲讽等语气，或某种特殊感情。

〖例〗你学得好，比谁学得都好。

这是一句反语，本意是你学得并不好，宜用曲调。如果不用曲调，就会变成肯定的意思了。

培训课堂，大显身"手"

课堂上的手势是表现内训师风采的重要组成部分。如果没有经过专业的训练，那么你一到讲台上，就很可能手足无措，不知道该将手放在哪里，搞得自己很紧张、很尴尬。

内训师专业手势的使用,要符合"四美"原则。

准确规范之美。在培训活动中,内训师用什么手势表示什么意思,大多已是约定俗成的。在使用手势时,只有准确地按照专业规范去做,才能充分而有效地表情达意,并使学员顺利地理解和接受。反之,若随意乱用,学员看了就会觉得茫然,产生费解和误解,这样就达不到交流的目的了。当然,不同地区(民族)的内训师,也可能有自己的特殊的手势规律,但能不能在培训中运用,就看面对的学员能不能理解你的手势了。

简单精练之美。手势的使用力求简单、精练,要做得干净利索、优美动人,切不可琐碎繁杂、拖泥带水、没完没了。在使用频率和动作大小上,也要有一个限度。在讲台上,你千万不能每说一句话都做一个手势,那样不仅会透支你的体能,也会使学员感到眼花缭乱,失去手势应有的作用,反而影响培训的效果。

幅度开合之美。手势的动作幅度有大有小,使用时要注意掌握分寸。我在上一本专著《会说话就是生产力》中,专门对"手势黄金框"做了介绍。大致的范围是,在内训师双臂高举指间上沿至腰带处,为"动作黄金框"上下限;培训师双臂平举指间外沿,为"动作黄金框"左右限。在课堂上,内训师情绪比较平稳、知识内容一般时,手势幅度小些为宜;而在情绪激动、言辞激烈时,手势幅度大些为好。需要注意的是,手势幅度在小时不能太小,大时也不能太大。太小难见,并显得小气;太大惊人,显得虚张声势,这两种情况都会使学员感到不悦。

协调和谐之美。这里既指左右手的协调,也指手势与形体变化、表情动作的协调，同时不可重复单一的手势，这样会显得枯燥乏味。内训师对此要有整体的考虑，手势不要太机械，也不要太僵硬，否则不但不能辅助有声语言表情达意，还会给人一种生硬造作感，会使学员感到不舒服，甚至反感。如此这般，就没有"协调和谐美"可言了。

该出手时就出手

手势由指、手、肘、臂这四者组成。手势主要是靠形状和运动来表情达意的。手的形状及用法一般说来有三种：指法、掌法、拳法。手、肘和臂的运动一般也有三种：向上扬、向前伸、向下劈。如果从功能划分，内训师的手势可以分为下面这四种：

表情性手势。表情性手势用来表现喜、怒、哀、乐的情感。比如讲到成功时，拍手称快；讲到气愤时，双手握拳、不断颤抖；讲到着急、担心时，双手互搓。表情性手势既能渲染气氛，又有助于情感的传达，在培训中使用的频率最高。

表态性手势。表态性手势用于表达拒绝、接受、指斥等情况。

示意性手势。示意性手势有具体指示对象的作用，它可以使学员看到真实的事物。比如讲到"你""我""他"或"这边""那边""上头""下头"时，都可以用手指一下，给学员更清楚的印象。这种手势的特点是动作简单、表达专一，基本上不带感情色彩。这种手势只能指示学员的视觉可以感知的事物和方向，对于视觉不及的东西就不能运用这种手势了。

虚拟性手势。虚拟性手势主要用来模仿事物，让学员对事物形象有一个大致的概念。比如，内训师讲到"新款笔记本电脑只有这么大"时，可以用手比画一下，学员就能大概知道这款笔记本电脑的大小了。

内训师在课堂上做手势时要讲究：用臂不用肘，用肘不用手，用手不用指。用手指指向学员、勾动手指招呼别人、一边说话一边抓耳挠腮、对学员指指点点等，不仅会被视为没有素质、没有礼貌，而且极易招致反感，甚至引发不必要的麻烦。如果内训师在课堂上必须用指的动作，那么可以指向上、指向无、指向己（如指太阳穴，表示思考、琢磨）。

当培训课堂内学员人数适中，在百人以内时，那么内训师的手势宜以手为动作主体，肘和臂往往随手而动。如果学员众多，超过百人，那么内训师的手势就要以臂为主。内训师通过臂的动作，使远距离的学员拥有视觉的变化感，不至于因单纯地"听"课而产生疲劳感。

为手势定"位"

由于培训的内容不同，手势的活动位置也不尽相同，每个手势的活动区域和位置都有其特定的内容。一般来讲，上位指头部及其以上，中位指肩部到腹部，下位指腰部以下。

上位手势。手势在头部及其以上活动，一般表示理想的、想象宏大的张扬内容和情感。如表示对某人未来发展殷切的希望，对某项工作取得成功的祝贺，对朋友亲人幸福的祝愿，对前景未来的展望等。如果内训师的心情比较激动,就可以用上位手势,会显得比较有意义。

中位手势。手势在肩到腹部区间动作,一般表示记叙事物和说明事理,说明内训师的心情比较平稳,例如"按组研讨,小组长负责"这类内容,手势在中位动作比较合适。

下位手势。手势在腰部以下动作,一般表示厌恶、不悦的内容和情感。比如"个别员工只能钻制度的空子,用借口掩饰自己的无能,却没能引起管理者的重视,这是我们该反省检讨的",内训师表达这些内容时,手势配合着在腰下位置动作。

13种常见的专业手势

在我国传统戏剧生、旦、净、末、丑这五个行当中,每个行当的手势都有一定的规范和含义。如净角五指张开,表示雄伟勇猛;小生五指并合,拇指微屈,表示稳重;旦角中指倒下搭住拇指,食指挺直,无名指、小指微屈,表示温柔矜持,等等。

那么,作为讲台上的"演员"——内训师,他的手势规范有哪些呢?在培训中,比较常见、常用的专业手势有以下13种:

决断。手掌伸开,稍抬起,然后握拳向胸部方向挥动,骤停。这种手势一般表示意志和决心,并起到加重语气的作用。

否定。手心朝下,手掌伸开,抬到胸前,然后向斜下方用力挥动。这种手势一般表示否定意思。

号召。手掌伸开,抬到胸前,然后向另一侧前上方用力挥动。这种手势一般表示号召意思。

警示。手掌心向外，手掌抬到头上，然后掌心向前方用力一推。这种手势一般表示警示、回避等意思。

拒绝。双手伸开，抬到腹前，然后双掌交叉做左右横扫状。这种手势表示拒绝的意思。

赞许。拇指跷起，其余四指握拳，抬至胸高向前推。这种手势表示赞许、友好等意思。

指明。手掌向前平伸，指向对象。这种手势可用以表达方位、位置。

介绍。五指并拢，掌心向内抬到胸前，然后贴在胸口。这种手势可用来表示我（自己）或我们。

交流。两手向前平伸，掌心朝上，做开放状。这样的手势可以用来表示沟通、交流。

无奈。两手同时伸出，稍向前下垂，掌心向前，抖动一到两次。这种手势表示无可奈何等意思。

致意。单手伸掌，向上扬起，挥动。这样的手势一般表示打招呼、致意等意思。

组合。两手同时伸出，向前抬起至胸前，掌心相对，然后同时向里靠拢，掌心相触。这种手势可用来表示团结、组合等意思。

示意。两手同时伸出，配合做出某种形状（根据内容决定），这样的手势可用来形容某种事物。

对于这些手势及其表达的意思，内训师应该熟练掌握并灵活运用。

值得注意的是，如果对这些手势不熟悉，那么内训师宁可不用，也不要乱用。因为动作不熟练，肯定会显得僵硬、呆板、不协调，反而有损内训师的职业形象。

让你的表情会说话

在讲台上，内训师的面部表情变化会引导学员的情绪。你的表情快乐，会使讲台下的学员心情舒畅；表情愁苦，会使学员心情难受；表情愤怒，会引起学员的心情紧张。

面部表情变化，可分为面容的表情变化、眉目的表情变化和口唇的表情变化。在讲台上，内训师应该做到：**言出色动，色动形随。**

面容表情

贵者威容、富者欢容、贫者病容、痴者呆容、疯者怒容、病者倦容、醉者困容，面容表情决定着演绎者的身份。内训师应当了解并熟悉面容表情的变化规律，并在课堂上恰当、准确地运用这些规律。面容表情的变化讲究"面状心中生"，是指面容表情通过面容色彩的变化、肌肉的动作及其造成的纹路，来表现人们的思想情感。我们的脸色平时是正常的，激动时就会变红；面部肌肉平时是松弛的，激动时就会绷紧。

心情愁苦时，脸色往往阴沉、无光。

心情愉快时，会红光满面。

心情愤怒时，脸色或者铁青，或者灰暗，面部肌肉也会紧张得发生或向上或向下的变化。

内训师在课堂上最忌讳的是面无表情，好似麻将牌中的"白板"。常态下，内训师要给学员一种亲和、平易的感受。想要学员喜欢你，那就在脸庞上绽放出你的笑容吧。

眉目表情

眉目表情的重点在"目"，即眼睛，眼睛的神情也可以叫作"眼灵睛用力"。在戏剧界有"眼为引"的说法，说的是在舞台上，凡做各种身姿、状态，必须用眼先引领、引导。眼睛是通过光泽、神采变化来传情达意的。而眉是通过位置、形状变化来传情达意的，眉可舒展或紧蹙，眉梢可以上挑或下垂，都能表示出不同的感情。眼光神采可以暗淡，也可以锐利；可以懈怠，也可以饱满。眉眼的组织可用来表示不同的感情：

愤怒时双眉竖起；

惊异时两眼圆睁；

思考时眼眸凝视、眉头微皱；

忧愁时双眉紧锁；

祈望时含情注目。

人们常说"眉眼会说话",其道理正在于此。眉眼的传情达意作用相当大,二者又总是同时活动,相辅相成。富有经验的内训师,总是充分利用自己的眉目变化,来表现丰富的思想感情。

一般来讲,内训师在课堂上经常用到的眉目表情有:

直视。眼球从正前方开始,转向直接对视对象,目不转睛地看一处。如果直视的对象是学员,那么尽量不要直盯他的眼睛,这样既容易造成你忘词而中断表达,又会引起异性学员的反感。最好的办法是,直视其面部三角区(两眼角与人中穴构成的区域),让学员感到你是在与他单独对话。直视的时间也不宜太长,能说完一个整句或表达一个完整的想法就好。

虚视。这是一种转换眉目表情的方法。目光平视前方,好像在看什么东西,但实际上什么也没看。虚视有助于内训师放松情绪,把精力集中在培训内容上。但不可长时间虚视不动,那样会显得表情木然。

环视。周期性地把眼球从教室的左(右)侧扫向右(左)侧,不断地观察和注意学员的动态,表示正在与学员进行感情交流,以此吸引学员的注意。

仰视。眼球从正前方开始,在不抬眉的情况下移向上方,头微扬,目光停留在天花板处,表示高深、景仰、幻想的意思。

俯视。眼球从正前方开始,头微扬,目光低垂,表示权威、禁止的意思。

遥视。眼球由正前方开始,由近向远看,头不扬,表示目标广阔、进行遐想的意思。

口唇表情

口与唇往往相互配合，以其不同的形状表现不同的情意。一般来说，嘴角向上，表示高兴、愉快。嘴角向下而嘴唇闭紧，表示不满或不悦。嘴角平而嘴唇微闭，表示平静、安详。嘴唇微张，表示悲哀、痛苦，或是注意、期望。嘴唇大张，表示畏惧、惊恐、诧异。嘴角平而嘴唇紧闭，表示坚决、果断。嘴唇微闭，表示平安、谦逊。

内训师在面对学员表达时肯定要张口，句子与句子之间停顿时往往会闭嘴，这样就可以用口唇形状的变化来表情达意。任何一个聪明的内训师，都能把口唇当作有效的表达情意的工具。

精彩的培训导入

通过导入吸引学员的注意力

众所周知，首次接触会产生持久的印象。第一印象如此关键，内训师应该如何从课程一开始，就吸引和维持学员的注意力呢？

课程开场导入最重要的功能就是吸引，为学员带去强烈的吸引，引发学员的学习兴趣。迈出正确的第一步，对于内训师自信心的树立非常重要，它会为你注入极大的信心增强剂。如果你看到学员正目不转睛地盯着你，脸上显示出饶有兴趣甚至露出开心的表情，那么还有什么比这更让你感到快乐呢？

课程好上开头难。失败的、平庸的导入会使学员分心、疏远和逃离，那么你接下来再想抓住学员的注意力就很难了。很多年轻的内训师出现"课程事故"，90%以上都是在导入部分就"翻车"了。如果内训师的课程导入没有出问题，那么接下来的培训就会平稳得多。

课程导入的主要目的，是引起兴趣、建立信任、切入主题。那么，课程导入的标准程式是什么样的呢？

问候学员。如各位同仁，大家上午好，我将陪伴大家度过接下来3个小时共同学习的时光。

自我介绍。如我是集团公司培训中心的内训师小光，今天分享的题目是《高层管理者顾问式管理》。

建立信任。如我2008年进入集团公司，2010年经过考核成为公司的内训师，同年在省级刊物上登载了《××行业顾问式管理》一文，受到了专业人士的认可和肯定。

预告收益。如12年来，在集团17个部门、13个事业部运用了顾问式管理，提升了组织绩效，有效率达100%，满意度达90%以上。

预告内容。如这门系列课程共有18课时，今天的课程我们主要解决3个方面的问题：基本的理论模型、24种实用方法、12个常见管理问题解决案例。现在，我们进入第一个部分：高层管理者管理创新与顾问式管理模型。

下面介绍的是不提倡内训师使用的导入方式：

自由式导入。在开场导入时，我们经常会听到与主题毫不相干的内容，这会令学员一头雾水，不知道讲师要将问题引向何方。随着培训时间的流逝，内训师一直不入题，大有我的主场我做主的随性。内训师或是陶醉于讲解之中，或是自嗨自乐地表演。

自尽式导入。这种开场导入比较常见。我们经常会听到"对不起，我不太会说话""这个问题我没有太理解""很抱歉，我今天迟到了""对不起，我很紧张"等表达。这样的开场导入并不能反映内训师的本意，学员往往不会认为是谦虚或礼貌的表现。相反，你毁了自己比金子还要珍贵的威信，学员还会更加关注你的缺点、失误。要记住，内训师登上讲台是绽放精彩来了，不是说"对不起"来了，培训课程更不是你自绝的"刑场"。

自焚式导入。这种开场导入也是比较常见的。内训师会以一种高高在上的姿态和学员交流，以某种过于夸大的名头或成就来介绍自己。例如"我被董事长誉为本企业技术领域的第一人"，等等。这样的表达往往会招致学员的挑衅和不屑，有极大可能会引火上身。

自灭式导入。一段精彩的培训课程，都会有高潮和平缓的段落之分。开场即高潮，学员只能享受三分钟精彩轰炸，接下来主体分享似退潮，内容暗淡无光，气氛不可持续，最后连起码的热度都不剩了。所以在开场导入时要注意合理调度气氛，做到有起伏、可持续。

内训师登台上场就像电影刚开头一样，掌声在这时候往往会是最热烈的。设计别致的上场方式，可以让你感受到作为一名内训师的成就感。在你上场的时候，有四个要点需要注意：

空台登场。登台前要将该准备的准备完善。在主持人或助教介绍完后，等待他们走下讲台，内训师再登上讲台。有的内训师认为跑上讲台更有朝气，但是形式是为内容服务的，专业的内容比夸张的形式更能征服学员。

静场起音。快步走上讲台后，会有持续的掌声或议论，内训师要辅以巡视全场的目光做短暂的停顿，待课堂安静下来后，再开始正式讲话。

从容不迫。要胸有成竹、从容淡定，给学员自信、稳重、专业的印象。

启动注意。开场白后迅速导入课程内容，一定要在这里吸引住学员的眼球，以便顺利进入主体内容。

演示导入

课程导入可以从一开始就加入"惊喜"元素，通过图表、道具等添加一些标新立异的内容，向学员发出信号：这次培训课程与他们过去经历的课程有所不同。

演示中的图表指的一般是逻辑构思图，它可以通过培训现场的投影设备展示给学员。在导入过程中，内训师通过引导、讲解、示意、操作这些图表，达到吸引学员的目的。

需要注意的是，那些无须讲解学员就能看懂的图表、照片，很难吸引学员持续关注。所以，内训师在制作图表演示之前，一定要问问自己：这些图表能够打动并吸引自己吗？如果得到肯定的回答，才可以考虑在现场演示。

比如，在"团队精英16项习惯"课程中，讲解到习惯的特质时，我们就可以用图画（见图4-1）来呈现。

```
        知识
         /\
        /  \
       / 习惯\ 技能
      /_____\
       意愿
```

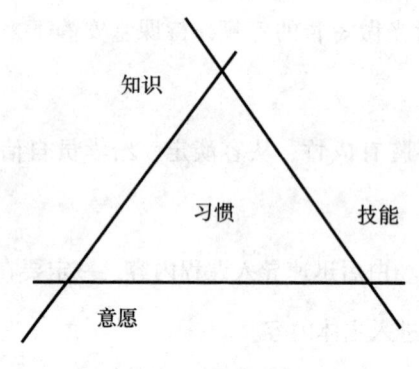

图 4-1 习惯的特质

习惯是三个要素，即意愿、知识、技能的交集。

    意愿是解决愿不愿意做的问题；
    知识是解决会不会做的问题；
    技能是解决能不能做的问题。

这样，当我们把内容演示出来，通过图画给学员看的时候，就很容易让学员清晰掌握习惯的基本要素。这样的图形往往也可以使学员提前感知到接下来的课程内容。

《纽约时报》曾做过一项竞选调查，选民通过电视演讲来了解某个候选人。投入多长时间的关注就能决定要不要投票选他呢？调查结果显示为14秒。这就意味着候选人在每分钟都要掀起4~5个兴趣点，来吸引选民的注意力，否则就会丢失选票。

那么，培训现场学员宝贵的注意力，一旦被引入一个非常勉强的情境中，他们很快就会分散注意力，并让你难以补救。

实物道具演示足以承担导入的重任。但要切记，内训师不能满足于将实物道具拿在手里向学员展示，更重要的是比画、操作、演示，同时加入说明。比如我们和学员分享的是职业形象课题，运用实物演示导入就会非常深刻，让学员一辈子都不会忘记。

大家请看，这是一本书（拿一本书向学员示意），这有一个漂亮的封面、一个漂亮的封底，假如我把这个封面撕掉（现场撕下封面），再把封底撕掉（现场撕下封底），这本书的内容有什么改变吗？

没有！但是如果有100本书的话，最后剩下的是哪一本？对，就是撕掉封面、封底这本书了。

为什么？

因为它没有了封面，没有了封底，成了残次品。封面、封底如同一个员工的职业形象，一个良好的职业形象会增强你的人际关系，会体现你个人的价值、企业品牌形象。

今天，我们就来分享一下：营销精英的形象影响力。

把封面、封底撕掉的演示，随着撕扯声和画面进入学员的大脑，这种出其不意的演示操作一下子就吸引了学员的注意力，并给他们留下难以磨灭的印象。在以后的工作中，遇到职业形象的问题时，相信那撕扯的声音和撕裂的画面，一定会出现在他们的记忆深处。

如果我不用上面这种方法进行演示，而是直接用说明的方式开场导入，比如：

如果你的职业形象不好，你的上司不会欣赏你，你的客户也会小看你。所以，每个人都应该有一个非常正面的、良好的职业形象。这是别人对你在工作中的第一印象，也代表了你的企业的风采。

今天，我们就来分享一下：营销精英的形象影响力。

那么效果就会大打折扣。你可以对比一下，相同的内容用不同的导入方法，其中哪一个导入方案更能吸引你呢？

演示导入，为学员带来的是意想不到的视觉、听觉、感觉的瞬间冲击，内训师在现场操作的同时说明问题，学员的注意力就被留在了培训课堂，直观和深刻的印象也留在了他们的记忆深处。

悬念导入

"除非能够立即调动起听众的兴趣，否则演讲必定失败。"这是克拉伦斯·达罗（Clarence Darrow）的名言。无论内训师的职级有多高，也不管课程内容有多重要，如果不能使学员立即产生兴趣，那么最后一定会失去学员。在课程导入中，保持学员的注意力最好的办法就是设置悬念。

悬念，即悬学员之念，纯粹是为了吸引学员的注意力而做出的效果。具体的做法是，将问题的提出和答案之间拉开一段时间距离，让学员的注意力在这个时间段内保持住。通俗点说，就是使学员想不到、猜不着，要是真猜破了，学员索然，讲师赧然。

我们来看下面的例子：

为庆祝启发爱乐教育公司成立20周年，该公司特意举办了一场答谢新老用户的主题音乐会。

公司的首席指挥家走上台来，向观众致意，全体乐手起立向指挥家致意。指挥家拿起指挥棒正准备开始，这时候有个人走向指挥的位置，乐手们见了全体起立向他致意，全场观众鼓掌起立向他致敬。

只见他走上指挥台，从指挥家手中接过指挥棒，现场指挥乐手演奏乐曲。演奏结束后，博得了全场观众的掌声与好评。

事后，他向台下的观众解释说："我的工作就是指挥！"

这个人是谁？他就是该公司的创始人，著名指挥家：杨帆总经理！

这里杨帆总经理用了双关的修辞手法，除了他作为指挥家本身的指挥工作外，身为总经理的他在公司的主要管理工作也是指挥，那么回到咱们今天的课堂，事业部总经理的主要工作是什么呢？

这就是今天课程的内容：事业部负责人的目标管理技巧。

悬念导入，一开始就"悬"起来一个念想："在指挥家后面上台的那个人，是谁？"为了猜而猜只会耗费学员太多的精力，他要是猜不出来就不猜了，走神儿去了。所以悬念的设计要游走于两个极端之间：既不能无悬无念、一览无余，也不能有悬无念、彻底保密。要不断地给学员透露线索：

线索一：指挥家上台，乐手起立致意；他上台，不但乐手起立，全场观众都鼓掌起立致意。（学员开始着急，看来这个人比指挥家还"厉害"，那么他是谁？猜！）

线索二：这个人接过了指挥家的指挥棒。（学员更急了，这个人要干吗？指挥家为什么让出指挥棒？指挥家为什么这么听话？他比指挥家还擅长指挥吗？继续猜，他是谁？）

线索三：他指挥演奏完毕，赢得了全场观众的认可和肯定。（学员继续急，还是猜不着他是谁，看样子他比指挥家厉害，要不然观众不能有那么高的评价和敬意。）

线索四：记者采访他，他说自己的工作就是指挥。（学员不太急了，要猜着了：他肯定是一位更厉害的指挥家，但是还不能完全确定。）

最后学员猜对了一半，内训师给出了答案：启发爱乐教育公司创始人——杨帆总经理。于是真相大白，学员最初悬起的念头也落下来了。

在内训师导入悬念的过程中，引起学员相当"长时间"的（为猜不着而）"着急"，说明他们的注意力一直都在猜"这个人是谁"上面，没有一个人的注意力逃离"现场"。在他们意犹未尽时，内训师要马上给出培训课程主题，进入主体内容的分享，不给学员注意力"喘息"的机会。

事例导入

事例导入是通过讲述故事、解析事例，激发学员寻找答案的热情，从而达成课程开场吸引学员的目的。

事例导入与悬念导入的不同之处在于,悬念导入时学员是在内训师给出结论之前,想不到答案;事例导入时学员想到答案,但与内训师给的结论不同。简单地讲,悬念导入让学员想不到答案,事例导入让学员想错了答案。所以,我们所选择的故事、事例要具有意料不到的转折性。比如下面这个例子:

> 法院正在对一起盗窃案件进行审理。庭审过程中,辩护律师向原告提问:"您说我的当事人盗窃了您的东西,是吗?"
>
> 原告:"是的,他当时一直在垃圾桶里乱翻。"
>
> 辩护律师:"那个垃圾桶里面很乱,有很多东西,是不是?"
>
> 原告听了,不得不点点头:"垃圾桶里面确实有一些东西。"
>
> 辩护律师:"就凭他在垃圾桶里乱翻,所以您就说他盗窃了您的东西?"
>
> 原告无奈地摇了摇头,说:"是的,他当时真的一直在翻找东西!"
>
> 辩护律师:"法官大人,原告就因为我的当事人在垃圾箱里翻找东西,就断定他在盗窃,这是在陷害!"
>
> 辩护律师说完,庭审现场一片寂静。只见原告涨红了脸,眼睛盯着辩护律师,对他一字一顿地说道:"请你注意,被告是在我家院子里的垃圾桶里,一直翻找东西……"

很多人查找问题的本意,就是为了掩盖自己的问题,更有甚者，会去别人的工作范围内查找问题，以此逃避自我纠错。作为管理者的你，该如何破解这个难题呢？

今天，就让我们一起来学习：下属逃避责任的九种表现，以及管理者的应对技巧。

上面案例中的思考"急转弯"就是被告人翻找东西的位置。学员刚开始听到这个故事时，会认为是因为没有进行认真调查，便武断地认定被告盗窃，所以冤枉了被告。在听到原告最后的发言时，学员才会恍然大悟，原来前面的想法是错的。

这时，内训师已经完成了事例讲述，紧接着就要将事例与接下来要讲的课程主题关联起来，并传导给学员，让其有第二次的思考"急转弯"。

在进行事例导入时，内训师最好准备两次有关思考的"急转弯"。第一次"急转弯"是事例本身带来的；第二次"急转弯"是事例与课题的关联带来的。这样给学员连续的思考"急转弯"，学员的注意力就会完全在内训师的掌控中，课程导入的任务就算是完成了。

最好的事例导入就是现场抓的案例，因为事例本身与学员有很强的联系，他们会立刻被吸引。比如：

今天有这么多行长来到特训营，参加为期五天的培训学习。行里也给大家配了书，如果你喜欢，不妨多读几遍：第一遍可以囫囵吞枣地读，那叫享受；第二遍就静心坐下来读，那叫吟味；第三遍一句一句地想着读，那叫深究。三遍读过，放上两天，再去读读，就会有再新再悟的地方。

这是什么书啊?（停顿,环视全场）这就是我们的培训教材:《对公业务团队的执行力》。下面就由我带着大家,开启这段享受之旅吧!

在上面这个例子中,内训师开场后用几句有诗意、有哲理的语言,引出学员的教材和培训的主题。这就是现场抓案例的能力。这样的事例导入自然流畅,让学员在不自觉中进入了课程的主体。

事例导入绝对禁止为了达成吸引的效果而用段子和八卦内容拼凑事例。有些业余"段子手"不在内容的质量上下功夫,而是偷懒、"抄近路",哗众取宠,危言耸听,靠耍贫嘴吸引学员。学员听的时候一时兴起,听完以后除了记住一两个段子,就什么都记不住了。

你偷的懒都是成长路上的"坑"。长此以往,"段子手"们要么沦为课堂的"艺人",以后再培训,学员就不会对你讲述的事例感兴趣了,关注的都是这堂课你要表演什么"节目";要么所讲的事情前后矛盾,逻辑上不能自洽,不仅达不到目的,反而给学员留下笑柄。

内训师的成长起步何尝不是一篇"事例导入"?你打算怎么导入呢?记住,成长从来都是自我成全!

数据导入

将数字做成证据,吸引学员眼球,同时提高他们的接受度,这就是数据导入的作用。数据导入与事例导入有异曲同工之处，前者通过解析数据导入，后者通过解析事例导入。

数据本身并不能达成吸引的效果，要对数据有个解析的过程，才能让学员理解和接受。比如：

2019年底，寿险行业从业人员人数达900万人。2021年底，从业人员人数下滑至601万左右，流失接近1/3。从这个数据，你看到的是机会还是威胁？

这就是我们今天培训的主题：非常时期寿险从业人员的职业规划。

上面案例的导入内容有一个明显的问题：只陈述、罗列了数据，但没有给出任何解析。它给了三个数据：900万人、601万人、1/3。任何学员都能知道三者的等式关系，这还用你讲吗？你的分析在哪儿呢？

其实，从业人员人数的下滑与职业规划没有什么必然的联系。一个行业的从业人员每年都有进入和流出的情况，从2020年到2021年，一定是行业流出人员远多于进入人员，才会有近1/3的锐减。"疫情""二孩""转行转型"等对此情况有无影响？这些线索都没有给出，就很难吸引学员，也很难让人信服。

接下来，我们来看下面的数据导入：

2001年，一位物理学家根据洛恩·怀特黑德的研究结论，重现

第四章 培训的过程可以很精彩

了多米诺骨牌实验。他用 8 块胶合板做成骨牌，从小到大依次摆放，每块骨牌都比前一块骨牌大 50%。第一块骨牌高约 5 厘米，最后一块骨牌高约 90 厘米。随着开始的哨声响起，8 块骨牌被依次推倒。

这个实验得出的结论是：多米诺骨牌效应不仅局限于用一块骨牌推倒后面的数块骨牌，还能以小的骨牌推倒后面更大的骨牌。

如果继续这个实验，请大家想象一下下面的情况：第 10 块骨牌的高度能否超过身高 2 米的篮球运动员？第 18 块骨牌的高度能否与比萨斜塔的高度相媲美？第 23 块骨牌的高度呢？第 31 块骨牌的高度呢？

想要将多米诺骨牌全部推倒其实不难，只要摆好角度，轻轻发力即可。但现实中的各种让人烦心的事情，不会排着队依次出现，还让人提前知道发力点在哪里。卓越的管理者深知此理，所以他们每天上班时，都会把当天需要处理的事情排好先后顺序，重点处理其中最要紧的事情，就像推倒第一块骨牌那样，剩下的问题自然就比较容易解决了。

接下来，我们给大家分享一下今天将要培训的课程：卓越管理者的时间管理。

上面这个案例不但给出了如"8 块骨牌、依次大 50%、最小的高 5 厘米、最大的高 90 厘米"等数据，而且马上在后面给出了结论：多米诺骨牌效不仅能以少"倒"多，还能以小"倒"大。为了不让受训者的思考停滞，内训师会继续用数据引导他们进行扩展计算（第 10 块、第 18

块、第 23 块、第 31 块……)。最后，内训师把骨牌与管理者每天要处理的事件联系起来，每块骨牌都代表着一个单位事件的潜在能量。骨牌越多，表明积蓄起来的能量越大，一旦触发，就将爆发出惊人的效力。这里还可以给受训者留下一个疑问，引发他们后续的思考，即：这样的效力对于管理者来讲，是正向还是负向的呢？

这就是一个非常不错的数据导入：有数据的呈现、想象的开启，还能在有限的时间内给出结论，又与企业现状（或培训内容）有联系，可谓步步为营。通过数据在短时间内的运用，成功勾住学员的兴趣，让他们不自觉地跟着内训师的数据进行思考，直到将他们完全送进课程中，导入就算是完成任务了。

在对学员进行培训导入时，不仅要有目的性，并且要尽可能地达到目的。很多人讲一件事情的时候，觉得把它讲完了、告诉别人了，就算完事了，却忽略了对方是否能及时、准确地接收。课程导入绝对不是自言自语、自娱自乐，而是为了吸引受训者注意、激发受训者兴趣的一种重要手段。

响亮的课程收结

课程收结在于记忆而后行动

有科学研究证实：每个人的大脑都是一台大容量、高速度运转的"超级计算机"，人的思维速度至少能达到600字/分钟，但一般人的语速只有150字/分钟。神经学告诉我们：人脑每秒钟有意识处理的信息量约为126个神经比特，如果以平均阅读、倾听速度200字/分钟来计算，就相当于每秒处理40个神经比特的信息，这就意味着大脑每秒钟有80多个神经比特的空间未被利用。大脑出现资源过剩的情况，就会主动配置空闲的资源，去处理其他的信息。

所以，在培训中学员记不全课程内容是大概率事件——过剩的脑力资源无法存储以备事后之需，反而会被其他无关紧要的信息占据，阻碍了他们注意力的集中。

经常重复可以提高学员的短期记忆,加深其学习的印象。内训师在课程推进中要经常安排总结、重复、等待的工序。而课程的收结部分是整个培训现场最后一次,也是最重要的一次重复和唤醒的机会。

课程收结的重要意义就在于深化内容理解、强化印象,而后激发学员回到岗位上付诸行动。课程收结的标准程式包括五个方面的内容。

第一,总结课程内容。

如今天的课程我们解析了顾问式管理 4D 模式——呈现—解析—对策—行动。

第二,归纳过程收益。

如从课堂演练来看,同学们基本掌握了 4D 模型的运用,尤其是来自行政部门的学员们的操作和分享,理解非常到位。

第三,强调内容重点。

如戴明循环与一般性管理最显著的区别是从"计划"入手,而顾问式管理 4D 模式是从"问题"入手。

第四,评价言行表现。

如今天的课程大家的学习热情高涨,营销中心的参训学员分享的观点也让我非常受益。但是,在演练前的准备阶段,大家互相的交流还不够充分。

第五,感谢学员支持。

如感谢学员们上午的支持和分享,感谢培训部门的协助与付出,谢谢大家!

我在日常培训中接触到的一些内训师,经常在课程的收结部分犯了不必要的错误，非常可惜。这里总结出三种不可取的收结方式，需要内训师加以注意。

自相矛盾。收结阶段的表达内容没有紧扣主题，或者收结与导入存在前后逻辑关系的矛盾，使学员产生误解。

没完没了。习惯性拖堂，不注意把握节奏。10分钟可以讲完的内容，一定要拖到15分钟，废话连篇，拖泥带水。或是在给学员有关结课的"预告"后又喋喋不休，将结不结，没完没了。如这就是我们分享的最后一个问题，希望能够引起大家的注意……接下来还有一个最后的问题是……因此，我再补充三点……

非常制动。内训师或因备课不足，准备的内容讲完了，但下课时间还没到；或因紧张造成大量内容的遗忘而放弃收结，提前下课；还可能是因为内容太多，无法在有限的课堂时间内分享，只得匆忙结束，草草收场。

不管怎样，课程收结后的你要注意下面这三个要点：专注全场，享受掌声，再次致礼。

专注全场。要再次专注全场的学员，让他们看到你信赖与期望的神情。

享受掌声。内训师最愿意听到的就是结课的掌声，因为那代表着学员对你的认可和肯定。这时的你在面对学员热烈的掌声时，可以面带微笑，"自私"地享用。

再次致礼。记住再次鞠躬或挥手，向学员表示谢意。

明代诗人谢榛对"结尾"有一个形象的比喻："结句当如撞钟，清音有余。"这句话的意思是，文章和发言的结尾要像撞钟，使人觉得余音不绝于耳。

培训课堂的收结也应该这样，要力求托住全课。既能"上承他事"，又可以引起学员的回味。让学员在培训结束后获得整体上的启发，即引人从那种"万能的触角"一样的逻辑力量去考察和思考。

课程收结的三种常见形式

概括式收结

在培训课堂上，大部分学员阅读 PPT、倾听讲授内容的速度，远远落后于其大脑处理信息的速度，所以走神是经常发生的现象。此外，学员在课堂上观看、听讲的心理刺激，也会随着课堂时间的推移而产生由敏感到不敏感的钝化，这种钝化直接造成了记忆的"浅"。

概括式收结是将课程中的思想意蕴、故事情节，通过浓缩、精练、简洁，使学员陡然醒目、振奋，呈现效果类似于物理学上的"力"。浓缩、精练、简洁，这与课程中间部分的稀疏、翔实、繁复形成鲜明对比。轮转与反差就形成了这样的"力"，无形中增加了课程内容在学员心里的分量，解决了记忆"浅"的问题。

概括式收结最忌讳繁杂和啰唆。内训师大部分失败的收结，不是讲的内容太少，而是太多、太杂。在课程收结的一定时间内（比如 15 分钟），能讲多少内容的关键不在于你准备了多少、语速的快慢，而取决于学员在长时间的培训后，不断衰减的接受速度以及专注的程度。

课程内容讲得枯燥，学员肯定无法专注；讲得啰嗦，学员情绪也会有相应的波动。即便讲得生动简洁，学员全神贯注，但是人们接收到一个新的内容，总是要花时间去理解和领悟的。所以，学员理解的速度就是内训师要解决的重要瓶颈。

很多内训师在备课时精心准备了很多内容，一看下课时间要到了，肯定讲不完了，就马上加快语速，试图把自己准备的所有内容一股脑儿地塞给学员，这时学员的接受程度就会变差，能接受的内容反而更少了。

如果你试图在有限的结课时间里讲完更多的内容，那么你就要进行更精练的总结和概括。特别是在一些技术性课程、原理性课程中，学员并不一定全都懂技术、原理，更加通俗的概括能够助你事半功倍。对于如何进行概括这个问题，我在《会说话就是生产力》中已经做过一些技术性的介绍，我们在日常使用的无外乎就是那五种概括策略。具体到内训师的课堂概括问题，下面以我上课时的一个例子作为说明。

某通信公司的新业务有六大超酷功能，市属公司要求各营业厅本着"咨询必营销"的原则，向广大客户群进行宣传销售。作为内训师的你，需要准备一堂45分钟的mini课程，进行相关功能的介绍：

★多终端登录，永不离线

★7×24客服

★语音群聊，超低资费

★ 有效防扰，安全沟通

★ 文件互动，精彩共享

★ 1年6万条短信免费送

面对这样的课程内容，你应该如何做概括呢？见图 4-2。

```
多终端登录，永不离线      →   多
文件互动，精彩共享        →   快
有效防扰，安全沟通 /7×24 客服  →   好
语言群聊，超低资费 /1年6万条短信免费送  →  省
```

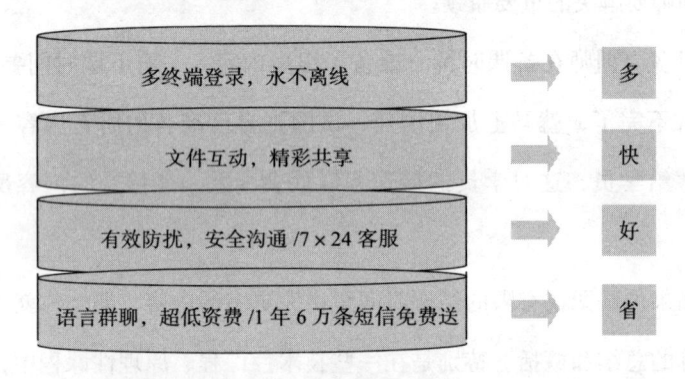

图 4-2　内容概括举例

首先，通过合并同类项来缩略内容：

1. 多终端登录，永不离线

2. 文件互动，精彩共享

3. 有效防扰，安全沟通 /7×24 客服

4. 语音群聊，超低资费 /1年6万条短信免费送

其次，对每一类做简单的缩略总结：

多：多终端登录，永不离线

快：文件互动，精彩共享

好：有效防扰，安全沟通/7×24客服

省：语音群聊，超低资费/1年6万条短信免费送

最后，以"多、快、好、省"作为该课程概括收结的关键词。

呼应式收结

对人们来说，因多种刺激出现而形成的印象，其实主要取决于最后的刺激，这就是心理学上的近因效应。近因效应能引起学员的回味，进而给其留下深刻的印象。所以，近因效应有助于内训师对课程的收结。

学员对课程末尾部分内容的记忆效果，肯定是优于课程中间、开头部分的。呼应式收结，就是发挥课堂最后重复的作用。

呼应式收结是指课程的导入和结尾以相同的内容逻辑来表述相互联系，使得培训课程的内涵被再次强调，达到深化主题、促人行动的效果。导入的"呼"的目的是召唤收结的"应"。当然，"呼"的位置既可以在课程的开场，也可以在课程篇节的开头出现，它的位置具有固定性。

我们以下面的案例来分析呼应收结的逻辑关联。

导入：要想工作好，就要勇攀学习高峰！

收结：总之，经过长期不懈的努力和学习，你一定会到达业绩辉煌的彼岸。

这就是逻辑矛盾的地方，在开场导入中，你的喻体是"登山"，收结却成了"岸边"，前后不符。遇到这种情况应该怎么改呢？如果导入不变，那么收结可改为：

总之，经过长期不懈的努力和学习，你一定能"会当凌绝顶，一览众山小"。

如果你觉得自己的收结太好了，那么也可以不做改动，而是对导入的内容进行调整。比如：

导入：要想工作好，就要在知识的海洋中扬帆远航。

收结：总之，经过长期不懈的努力和学习，你一定会到达业绩辉煌的彼岸。

这样的逻辑呼应带动了学员的重复记忆，当记忆不断重复时，就带来了内容由陌生到熟悉的变化。即以我们熟悉的事物、内容建立联结，对学员大脑造成的负担最小，而且信息内容最有可能被理解，学员会保持最佳的学习状态。

如果概括式收结就是解决记忆的"浅"的问题，那么呼应式收结是解决学员记忆的"缺"的问题。呼应式收结主要有下面三种表现形式：

问答式呼应。问答式呼应以自问自答式的呼应居多。课程导入时提出问题，课程结尾时回答定义。如：

导入：对于部门管理者来讲，究竟什么是管理呢？

收结：经过一堂课的阐述，我们知道了管理就是发挥部门里其他人的作用，达成部门绩效目标的过程。

排列式呼应。排列式呼应强调前后两节课的联系、对应关系，要求节奏一致、情感方向一致，造成一种层层推进的效果，在达到顶点时，结束课程分享。这种呼应收结就是美国作家约翰·沃尔夫（John Wolfe）所推崇的"听的兴趣到高潮时果断结束，意犹未尽时戛然而止"。

比较式呼应。比较式呼应即课程内容前后有比较，先急后缓、先抑后扬、先劣后优，既可以是意义相反的对比，也可以是意义相关的类比，构成相互照应的收结形式。

感召式收结

感召式收结是学员感知、接受课程内容后，在内训师的情感催化下，内心产生与内训师心理相近的情感，实现感同身受、同频共振效果的收结形式。内训师在这时或提出希望，或发出号召，被感动、召唤的学员往往会自觉地带着热情投入到行动中。

在导入阶段，学员精神状态较好，心智多理性；经过一定时间的培训学习，到课程收结阶段，学员精神状态产生损耗，会有或多或少的情绪变化，感性成分有所增加，这时情感促动与影响会增强，这会使感召式收结更加有的放矢。

以下是某企业首席内训师（公司总经理）在"新职员工入职特训营"结营仪式上做的感召式收结（节选）：

……急剧变革的时代，总是在极短的时间内发生难以置信的变化，甚至连新冠病毒变异毒株也变得分外"勤奋"：从阿尔法、拉姆达，到德尔塔、奥密克戎……

变革的时代出现了技术与技能的"代际颠覆"，年轻一代将技术及意义传递给较他们年长的一代。在企业里，年轻的员工要向年长的员工传授技术、技艺……我们的新员工在这里大有用武之地……

我们的新员工既然选择进入企业的大门，就应主动适应变革、融入环境，比前辈更优秀。别羡慕你们身边那些技术精英、管理大咖，没有一份好运是轻易得到的，幸运的前提是超越常人的勤奋和自律……

让我们：

用青春投资，收获前程似锦的生活！

以征服自己，来征服这变革的世界！

从今天起，立足岗位、脚踏实地，去实现那英雄般的梦想吧！

在收结阶段，内训师除了在内容上进行设计，更重要的是使用艺术化的语言。为带动学员的情绪，提高感召效应，表现浓烈的感情色彩，内训师可适当调整自己的节奏模式：**语调高亢，语速稳中有快。**

感召式收结，对内训师在组织里的职级、资历、威信、魅力、智力、逻辑等都有相应的要求：在职级上，上级对下级易感召；在资历上，资深对资浅易感召；在威信上，威高对威低易感召；在（人格与情感）魅力上，力强对力弱易感召；在逻辑上，正确对空白易感召。

亚里士多德在《修辞学》中也谈到过这个问题，他认为一次成功的演讲需要三个条件：德（信誉）、情（情感）、理（逻辑）。

内训师在讲课时也是如此，在课程收结中感召运用成功与否，会受到三个条件的限制：

德——"我（学员）能信任你（内训师）吗？"在组织中往往职级高、资历深的内训师的话更可信。

情——"我（学员）关心你（内训师）说的话吗？"威信高、人格魅力与情感魅力强的内训师的话会更容易被关注。

理——"你（内训师）说的话听起来像是正确的吗？"逻辑严密的内训师的话，通常被认为是正确的。

在以上讲到的三种常用的收结方式中，感召式收结会有一点"门槛"。需要内训师在培训教学中有策略性地使用，避免出现一呼无应、再呼无声、千呼万唤人去屋空的尴尬。

响亮的收结是这样练成的

无论是概括式收结、呼应式收结，还是感召式收结，最重要的是通过给学员带去新奇感而影响他们的行动。那么，新奇、响亮、深刻、精彩的课程收结是怎么被创作出来的呢？

来"料"加工。你想以什么样的结论来结束课程？这样的结论是不是与课程主题相关？其他人是否使用过？如果有人使用过且成功了，那么变更课堂空间、面对不同学员群体，这样的结论也会带去新鲜感和震撼力。重复使用别人的课程收结并不等于你的学员重复观看，在其中加入你自有的表述特色，也会有与众不同的效果。不要担心新奇的收结只能带来一次性的魅力。

mini 集成。你认为理想的结尾是什么？在我看来，理想的结尾可以把原有的内容做出新的组合。要记住，创新没有多少是"原创"的。绝大多数创新都是旧要素的重新组合。想想 Apple Watch（智能手表），很少有功能是原创的，大多是原有功能的 mini 集成，课程的结尾也是如此。当然，光有集成还不够，更重要的是成形。这个"形"可以是逻辑、引言、手势、道具，也就是你的想法要通过特定的物件、事件来达成。

积累素材。你要在力所能及的范围内去收集尽可能多的素材。没有素材（大）量的积累，很难找到精彩的解决方式。新奇、深刻、响亮、出彩的结尾，都建立在大量材料收集的基础上，这就像一位专业的厨师，他的好厨艺都是用食材"喂"出来的。在收集的过程中，首先要保证材料能吸引你，让你由无知到有知；能感染你，能感染你的才是讲台上可传递的。其次，尽可能少地上网收集资料，因为那样会让你很难超越学员的知识水平，但你可以用网络上的材料来核实检测。最后，课程收结如果涉及专业的问题，最好去提出问题的原著中，或者在专业、前沿的期刊杂志上寻找素材。

尝试破坏。要破坏原有的方案，在破坏中寻找新的突破点，发现新的联系。比如，你收集好材料，或将其数量减少一半；或替换一部分；

或重新润色，对内容进行精简或扩展；或用不同方法分类，重新包装。不要担心会影响原有的方案效果，因为创造大多数时候都是从违规、破坏开始的。

跨界回望。把先入为主的收结放到一边，熟悉的过程总是会让你得出同样的老结论，因为收结已经被你程式化了。苹果在农夫那里是农作物，在病人那里是营养品，在牛顿那里是实验品，在乔布斯那里呢？关于课程收尾的答案，可能恰好来自你某次户外运动后的回望。

搁置酝酿。你可以先放下那段收结，让紧绷的神经松弛下来。酿酒是需要发酵时间的。做点能让大脑重新组合认知的事，就像广告大咖大卫·麦肯兹·奥格威（David MacKenzie Ogilvy）所说："你必须给你的下意识指令，然后关掉你的思想过程，等待某种东西。"你要做的是静静等待，等到自己灵光乍现、茅塞顿开的一刻，精彩收结就有了！

课前预演。这里的预演不是对着镜子、亲友做汇报。对着镜子练习会让你在课堂现场忽略学员而专注于自己的结尾设计（我的亲身经历）；对着亲友练习要比镜子好一些，起码他们会和你有眼神交流，但他们并不比你专业、高明，甚至会对你做出云壤间的评价，让你不知所措。我的建议是，你可以尽量选择用智能手机录音，或是站在摄像机、智能手机前，这样你会收到最真实的预演表现，它有利于你在课程现场的行动。预演的准备工作可以让课程收结成为你希望的那样，这将有助于你专注于学员，并确保你表现出自己的专业能力。

重复检验。精彩的收结一般不会一次就构思出来，而且课前你也不知道自己的收结会不会取得想要的效果，它需要在一次次课程中不断重复和修正。收结成形后也不是就完事大吉了，你需要继续检验它，看看得到的效果是不是你想要的，是不是已经解决了你的问题。持续地、精益求精地重复修正或改进，会让你的课程收结赢得全体学员的尊重和喝彩。

当你做好了这一切，那么就自信地走上培训讲台，向学员实施你的影响吧。当完美的收结结束时，掌声会响彻课堂，请你尽情地独自享用吧！

这是你作为内训师应得的赞赏！

第五章

内训师的进阶技巧

接受专业的训练

在组织中,内训师是一位受人尊敬的专业人士。这个岗位会让从业者变得更加出色和优秀。很多组织的内训师们,依靠自我摸索而获得的技能差距在不断缩小,但过去相关专业知识和训练的缺乏,使这些内训师缺少继续成长进步的坚实基础。

尽管国内对内训师的培训推广和普及已经有近 30 年的时间,但在庞大的内训师群体中,只有少数培训专业人员拥有正式的培训机会,得以学习专业的内训师技能。

从职业发展的角度来看,接受专业技能的训练是每一位内训师成长的必经之路。

对内训师的专业培训,不是手把手教你如何当众讲话。课堂教学效果只是海面上的"冰山",课后的辅导跟进才是重中之重。

尽管培训发展需要了解的专业知识很多,但内训师训练课堂并非完全是知识的灌输,而更多是采用教练法,要求学员不但要做到动脑,更要动手、动心。课堂学习结束后,老师要对受训的内训师进行后续的跟进和内容延伸,利用网络为其答疑解惑,指导其完成课件的设计并予以点评。

这样的专业训练,并不以课堂效果作为培训效果,而是以培训后受训者行为改变,进而提升岗位绩效为培训效果。课堂训练解决的是学员能否对新知识正确运用的问题,课后辅导解决的是学员对新知识运用熟练程度的问题。如果内训师的专业训练效果是100%的话,那么在培训现场的效果最多只占30%左右,剩下的70%要靠培训后内训师对学员的跟进和内容延伸来实现。

接受内训师专业的训练,会为你带来三个方面的变化。

第一,知识由零散向系统过渡。尽管你在组织中曾经做过几年的内训师,但在本系统内、同事之间的教与学所得到的体会与经验都是零散的,恰似一盘散乱的珍珠。内训师的专业学习则将这些珍珠串成了项链,将你得到的知识进行系统化的梳理,使你的知识体系更加完善。

第二,理念由旧向新过渡。有人曾形容内训师像运动员,经过专业学习后,你会感到内训师应该更像教练员。运动员的运动生命只有一次,而教练员的执业生命轨迹会又长又宽。因为你可以训练出一名员工,让他在绩效改善上少走一年弯路,这样你就延长了一年自己的执业生命;如果你训练出十名这样的"优秀运动员",那么你的执业生命就延长了十年。内训师是通过完成知识、技能的让渡来激发别人潜能的,通过成就他人来成就自己,这就是认知的更迭。

第三，交流由封闭向开放过渡。我接触到的内训师一般都是同一个系统内的，专业水平接近，交流范围非常有限。在内训师专业的训练中，你会结识更多不同专业、不同系统的同行，大家一起交流，共同进步，积累能量，共同裂变。

所以，如果你决定在内训师的岗位上坚持下去，那么你需要做的事情很多。为了今后的职业发展，无论如何你也要挤出时间，学习内训师的专业知识，接受内训师的专业训练。

开发品牌课程,作为"防身"之用

跨代际的职场让组织内部的竞争变得更加复杂,年轻的员工更容易代替"性价比低"的老员工。在这个变迁的时代里,没有谁的工作可以一成不变,也没有人能够阻挡年龄的增长,也许过不了几年,我们都会成为职场上的"40/50"人员,离开熟悉的岗位已成为必然。

在原岗位上,你可能会是某一个领域的专家或实践高手,但从兼职内训师的角色来说,这可能是潜在的危险因素。你在原领域里越是擅长,就越难以适应新的角色,因为你很乐于去做那些擅长的工作,它们就像有魔力一样,会把你深深吸引住。于是你会一直做下去,最终使你只能做自己"擅长"的事。最可怕的是,它还会让你产生错误的认知,让你相信自己擅长的就是最有价值的,值得花时间继续做下去。

无论是职场还是职业,都需要你有未雨绸缪的计划。你兼职的岗位——内训师,是个多好的"庇护所"啊。而让内训师"安身立命"的绿洲，就是开发属于你自己的培训课程，让你因此受到组织的尊重。

开发什么类型的课程，要根据你原岗位的专业知识与组织的需求来确定。开发完的课程讲给同事听是最好的学习手段，它可以验证你曾擅长的工作是否真的有如此重要的价值。开发一门培训课程，内容可以带给你更广阔的视野，学员会带给你更广泛的人际关联。开发课程时，别在乎课时的长短，哪怕只是90分钟的mini课程，都要先从"0"到"1"，然后再"一生二，二生三"。

把开发好的课程做出品牌效应，对内训师来说非常重要。你在一门课程上有了突破之后，就会产生晕轮效应，再继续扩展其他领域就相对容易了。那么，要怎么树立你的课程品牌呢？最重要的是你要有明确的定位，即制定一个目标：想把课程做到什么程度、什么层次。

目标要切合实际，实事求是，分步实施。能够成为行业一流最好，如果暂时做不到，那么先从所在地区的同行业一流做起也不错。如果短时间内还达不到，那就向组织内部某专业的No.1努力。

要根据自己的特长细分内部培训市场，在自己擅长的领域里去谋求内部的份额，这样你可以减少不必要的对手和竞争。比如你的课程是"产品呈现技巧"，那么可以进一步细分为"线上销售的产品呈现技巧"。当然还可以再继续细分，只讲某一个领域、某一类产品，如"快消品"或"化妆品"，等等。总之，你要努力在细分领域里做到心雄万夫，成为一流。

你要经常参加行业内的培训课程评比活动，这对你树立自己的课程品牌、提高课程知名度大有帮助。你也可以对自己研发的培训课程申请专利保护，让你的课程为组织的品牌增光添彩。

　　培训课程是内训师的"防身利器"，它让你职业的长远发展更有安全感和保障性。正所谓"正逢天下无风尘，幸得周防君子身"。把属于自己的品牌课程做好，你成为卓越的内训师的进程就会大大加快。内训师的职业生涯最美好的图景就是：先当内训师，再做教练员，最后成为导师。

跨过课堂成长的"坎"

内训师在成长过程中，从一个业内"小白"到顶级内训师，总是要跨过无数的"坎"，从"讲得少"到"讲得多""讲得对"，最后达到"讲得准"。

讲得少

也许你只是一名刚从大学校园里走出来的"小白"，没有一线的业务经验；也许你只是靠着爱好抑或组织的鼓励，才走上了内训师岗位；也许你拼尽全力，精心准备，结果到课堂上却怎么也讲不出东西来。很多内训师都有类似的苦恼，辛辛苦苦准备了三个小时的培训课，结果登上讲台只讲了一个小时就没话可说了，不得不用做游戏、聊天等来填充剩下的课堂时间，更有甚者，直接"躺平"，提前下课。

为什么会出现这种尴尬的局面呢？我认为主要是由下面这几点原因造成的：

第一，误把"备课"当"背课"。把培训课堂要讲的内容整理成纸媒文字，开始熟读成诵，需要花费内训师巨大的工作量。背好"课"后，在课堂上才发现自己语速过快，使背诵内容很快被消耗，直至"弹尽粮绝"。你要做的是有备而来，应该提前想一想，没词儿的时候应该如何应对。你可以通过提问来检验学员的学习状况，也可以用课程总结的方式重复前述内容。如果没有这方面的经验，或者没有提前做备案，那么就只能用"背"代替"备"，自然只能是"点儿背"！

第二，掌握的涉及培训内容的信息量偏少。内训师对培训内容的展示要么仅局限在概念表述、原理阐述等"是什么"的问题，要么加入过多的背景介绍，如理论代表人物"轶事"、发展过程、存在意义等，学员一看就知道内训师"肚里没料"。内训师相当于"厨子"，手里的知识、技能是"食材"，学员想"吃肉"，想看你如何煎炒烹炸焖熘熬炖，结果你只拿上来了点花生米、豆腐干、黄瓜条，一盘子全是"冷拼"，就是不见"肉"。你说，学员会怎么想？估计只能说你货不对板了。所以，你作为新职内训师，想要把自己不熟悉的内容讲好，起码要用三本以上不同的教材来备课，相互取长补短，才能梳理出比较清晰的内容逻辑结构。增加完素材积累后，你再结合前沿知识，进行深入浅出的条分缕析，就不会出现上面这种"学员想要肉，你只能给凉菜"的情况了。

第三，怯场紧张，造成备课内容大量遗忘。初上讲台的大多数内训师都免不了额头出汗、腿发颤，情绪一紧张，片刻就将准备好的教学内容忘得一干二净。对此，没有什么好办法，所谓"习能克恐"，你只要坚持授课，让登台"献艺"、当众讲话成为一种习惯，自然可以克服紧张情绪，从容不迫地与学员分享培训的内容。

讲得多

从"讲得少"到"讲得多"，看上去发生了变化，其实只不过是走向了另一个极端。走极端总是不成熟的表现，需要我们去调整和克服。进入这一阶段之后，你要逐步考虑克服讲课"水过地皮干"的弊端。

在培训实践过程中，我们总会收到学员这样的反馈：某些内训师的培训课堂是"课中挺激动，课下没行动，课后一周一动也不动"。如果出现这种情况，就说明这位内训师已经进入了"讲得多"的阶段。这时，就需要对培训课程内容进行系统筛选和剪裁，力戒"喧宾夺主""哗众取宠""文不对题"等情况出现，使每一节课的内容都能给学员留下记忆深刻的东西，让课程内容有"嚼头"，耐人寻味。长期这样做下去，才会使你的教学向"讲得对"的层面发展。

讲得对

要想跨越新的挑战，内训师必须系统掌握自己岗位的专业知识，并对照不同版本教材反复揣摩对比，修改若干次课件，同时应注重具体的应用。

一般而言，一门新课程只有讲过十遍以上，你才会感觉到得心应手。第一、第二遍仅仅是熟悉教材；第三至第五遍梳理清楚各章节之间的逻辑关系；第六至第八遍讲究详略得当；第九、第十遍才能达到得心应手、入木三分的境界，这时的你就算已经具备很好的学问基础了。

在这个阶段的内训师，对于培训课程的把握已经到了精熟的地步。你不再满足培训在"岸上教游泳"——即使要求学员把新技能要领记得滚瓜烂熟，学员下水照样会"淹死"，而是要实际解决学员不会"游泳"的问题，你会在岸上（课上）示范，水中（岗位）教练，上岸（上课）讲解，水中（岗中）再练。如此多次反复，真正让学员通过锻炼成为改善组织绩效的"游泳高手"，这样才会使学员走出掌握新技能、新操作方式的能力偏低的状态。

跨过"讲得对"阶段，内训师的授课更具有艺术性。课程中的任何内容，哪怕是看似空洞无物的细节，你都能在讲授中让其焕发异彩，真正做到"夕阳芳草寻常物，解用多为绝妙词"。

讲得准

当跨过"讲得准"这道"坎"以后，就算是达到了内训师的最高境界。

那么，这里的"准"，究竟是指"准"在哪里呢？

首先，精准。你可以根据培训对象的实际需求，做到因材施教，选择更精准的切入点，让学员通过听课产生"听君一席话，胜读十年书"的感觉。

其次，高水准。你在这个阶段已经具备了本专业比较系统的知识储备，还能够对本专业的发展现状及前沿尚没有标准共识的问题，提出自己的真知灼见。特别是针对实践中已经出现并被证明确实有效的问题，你可以对其的理论层面、实践操作做出自圆其说的揭示。

最后，认准。你可以在培训实践的过程中发掘自己的专业培训选题，撰写自己的专业培训著作，在自己的专业培训领域有所建树。这样，你距离该专业的内行专家、大师就会越来越近。

坚持写作

语言和文字都是思维的窗口。大多数兼职内训师不可能天天在授课，一曝十寒，你的状态应该如何保持住呢？

内训师的工作对象都是组织内的同事，日常培训教学主要倚重口头表达，可谓"动口不动手"，可你千万别把动手写作、笔头功夫看得无足轻重。坚持写作，可以让内训师多方面的素能保持在最佳的状态，所有围绕组织培训活动的写作，都是基于培训实践和技能研究的专业表达，它是你提高综合素质、专业化水平、创新能力的重要途径。

尤其是在当下组织发生急剧变迁的形势下，在深度推进和持续改善组织绩效、培育员工创新发展核心素养的新阶段，提高写作能力，做一名不仅能讲，而且会写、善写的内训师非常重要。

内训师在每堂培训课上都会面对各种各样的学员，体验形式各异的课堂风格。如果能够将自己在课堂教学中的感悟思考、经验教训记录下来，用文字传递出对培训的理解，并且坚持下去，那么一定会有意想不到的收获。

让碎片化培训实践变为系统化经验

在日常培训教学工作中，很多内训师每次上课都忙得团团转。整个培训的活动循环图就是"思考—实践—再实践"，而专家学者型的高阶内训师则不同，他们的职业生命路线是"实践—反思—提升"。

内训师的工作经验是大量的课时"培养"出来的，师者的专业素养需要在摸索、感悟、反思中提升，这个过程也是内训师不断丰盈内心世界的历程。如果内训师不对每个阶段课堂教学的得失与感悟及时总结、反思，外化输出为文字，时过境迁后这些宝贵的经验就会变得模糊，思想的火花也会暗淡。

内训师如果能对平时的培训教学、课堂掌握、研讨学习、问答交流等勤加记录，并加以反思梳理，就可能让培训教学过程中碎片化的短创新、微改进、小收获转化为较为系统的经验，甚至提炼出属于自我的、具有创新性的、普适性的方法。

在这个梳理与写作的过程中，内训师也能清晰地看到自己的短板、不足，从而有针对性地采取查漏补缺的措施。

让"研磨"式写作功力转化为研发能力

内训师需要具备较强的课程设计、项目研发能力，为长期的职业发展提供持续动力。写作就是一个不断发现问题、解决问题的过程，好文章需要经过反复推敲、不断研磨。

内训师在写作过程中，不仅要考虑所研究问题的背景、课程内容的逻辑结构，还要考虑论证是否科学、严密，素材论据是否充分、有力。每次写作，要想象学员正和我们在一起，要经常问问"他们"：这样的内容你认可吗？这不但有利于锻炼我们的逻辑思维和感同身受的能力，还能提高我们的培训教学研发水平，进而提高自己的教学水准。

随着时间的推移，你能保持这样的思考习惯和文字积累，再开发新的培训课程时，自然会有"熟读唐诗三百首，不会作诗也会吟"的轻松感，而你的这些研发能量都源于"研磨式"的思考和写作。

让"个性"的培训风格延展为教学成果

培训教学是一个对知识、技能等输入、内化的过程，培训效果往往需要通过输出和外化的过程来检验。而动笔写作就是一个输出和外化的过程，它激励内训师经过独立思考，对所学新知识进行加工、重组，实现对知识技能的深入理解和迁移应用。

此外，内训师在培训实践的同时，写作有助于逐步形成自己的培训风格，提炼总结自己的培训思想和教学主张。

在这个大众传媒时代，在公众号发表文章或通过小视频发表讲稿，都可以让公众熟知你并与你建立起关联。你要想成为本系统内的专家学者型讲师、教学名师，光靠讲得好还不够，还得善写、多写，把自己的个性风格传播出去，让更多的人受益。

遗憾的是，目前培训市场里的很多专业书籍和文章，并非内训师撰写的。很多内训师缺少观察、积累、练笔，对于写作有种天然的恐惧，久而久之便形成了"写作恐惧症"。总结其原因，主要体现为写作能力弱、写作动力缺和写作行动少。

第一，写作能力弱——缺积累，写不出。

很多内训师"动口不动手"、很少落笔的首因，就是提笔不知道写什么。缺乏日常的积累，知识储备不足，限制了思维的深度和视野的广度，自然写不出好文章。阅读与写作之间有着密不可分的关系，叶圣陶先生曾说："阅读是吸收，写作是倾吐，倾吐能否合于法度，显然与吸收有密切的联系。"内训师只有多阅读，才能做到厚积薄发。阅读中最重要的是对理论的学习，内训师在培训中、课堂上看到的仅仅是现象或表象，而有了理论的学习，内训师才能在看似平常的现象与其背后的价值、意义及培训教学规律之间建立起关联。

第二，写作动力不足——压力大，不愿写。

目前，大多数组织的内训师基本都是兼职，其本职工作负担较重、琐碎的事务性工作多是不争的事实，这确实造成他们难以有充分的时间和精力动笔写作。但更重要的是，他们没有充分意识到写作对于内训师职业发展、专业成长的重要意义，在工作中习惯"低头拉车"，而不注意"抬头看路"，没有下功夫努力提升自己的写作能力，其结果就造成他们的培训经验只是时间的简单累加，而难有质的提升。

第三，写作行动少——动笔少，不勤写。

内训师不善于写作的另一个原因是不善于观察和思考，对于课堂教学懒于记录。这样到了想写的时候，即使能搭起理论的框架，也苦于没有"料"使之丰满充盈。还有一部分来自技术岗位的内训师，自认为书面表达能力差，对写作有种天然的畏惧心理，自然很难摆脱"写作恐惧症"。

动笔写作，具体写什么

内训师可以结合自己的工作实际，尝试多种体裁、形式的写作，寻找更加贴近自己实践的表达方式。

第一，从写好课程反思入手。

课程反思主要是反思课程中的得失成败，包括内省式反思（如反思小记、备课后记、成长杂记等）、学习式反思、交流式反思、研究式反思等。

通过写课程反思，可以把成功的课堂设计、互动生成、技能应用、教学内容的创造性处理等，以文字形式固化下来，供以后培训教学参考；对于失误之处，则可以通过反思查找原因，找到解决方法和教学新思路，写出改进策略。

写课程反思的过程就是一个二次学习、深度思考的过程，一方面可以丰富你的培训教学思维和经验，另一方面也能促使你提高课程开发设计的水平。

从观照的视角来看，课程反思类文章的写作可以从两方面入手：

第一个视角是观照内训师自我，也就是反思自己的课堂教学——既可以是对某一堂课的反思，也可以是对自己一个时期内培训教学得失与成长的反思。反思因为有了对自我的深度追问，方能得到触动灵魂的收获。写这类反思，平时的思考和积累非常重要。

第二个视角是观照学员与组织，即对学员所在组织的状态、组织所在行业或更广范围内的某种教学现象、教学风格进行反思，阐释自己的所悟所思。这种以学员和组织为观照对象的反思，要求内训师具有较强的思辨能力、较高的思想境界，观点能做到客观公允，给人以启迪。

作为一名兼职培训师，你可能非常擅长自己本职岗位领域的知识和技能，是一名内容专家。但是在组织培训工作中，你还是把自己当作"新兵"为好。按照循序渐进的原则，从课程反思写起，当积累了丰富的阅历和培训经验后，再深入进行其他形式的写作，这也符合内训师成长发展的一般规律。

第二，从写好培训叙事入手。

培训叙事——日常培训怎么做的就怎么写，可以写课堂上的故事，也可以写自己对培训的理解，等等。内训师以叙事的方式，重述和重写那些能够导致自己觉醒和转变的培训故事，促使培训教学与自我学习、开发研究合为一体，这是内训师应有的专业工作方式。

培训叙事写作，其实就是在追问培训"背后的故事"，主要通过"探索实践—叙述记录—反思整理—追问提升"的逻辑顺序，在展现故事的过程中呈现培训的教育意义。

这就要求你善于捕捉培训活动中的小故事，适时把自己"融入"故事，这是非常接地气、有价值且具有普适性的写作方式。

第三，从写好培训课程实录入手。

培训课程实录，是指你通过对课堂观察，将自己或其他同事执教的课堂的状况尽可能详细地记录下来，并加上培训后记或听课评价的一种培训实用文体。这很像教育界的课堂教学实录，这是一项内训量的基本功，也是开发新的培训课程的基础。

培训课程实录可以用剧本对白式或叙事描述式这两种不同方式来写。不管你用哪种方式，重要的是聚集培训课程的重点、难点，抓住培训课程的创新点、亮点或者存在的问题。

在记录时要注意详略得当、文字精练。对培训中符合授课规律，有创新、有特色的做法或存在的问题、不足等进行详细记录，对一些问题的思考或见解也可以写下来。同时，最好还要写上自己的思考分析或听课专家的点评。

点评的重点要放在示范性上，就是你发现了问题和不足，但是知道了具体要怎么做，这个问题就不再是问题，或者不再是缺点。力争归纳出一些共性的东西，提出有建设性的改进意见。挑剔性记录很容易，特别是挑剔别人的、专家的，难的是在日后的培训教学中如何改进和提升你自己。

为自己工作留存记录的教学实录可以写得详尽一些、篇幅长一些。但是，要对外投稿、希望公开发表的培训课程实录，其字数篇幅有限，一定要精练，不能写成流水账。

第四，从写好培训评论入手。

培训评论写作是一个洞察外界和反省自身的过程。内训师虽身处培训课堂，但应超越课堂，以更宽广的视野去观察和思考身边的各种培训现象，并发出自己的声音。

撰写培训评论、随笔就是一种很好的方式。评论的对象，除了课堂内外的培训问题和现象，也可以是组织的某项制度举措、某句名言谚语、某个"大神"的观点。你可以围绕这些内容谈自己的观点或感想，言之成理即可。

针对培训评论的写作有利于锻炼内训师发现问题和多角度思考问题的能力。要想写好培训评论，除了要有敏锐的视角、理性的精神，还要有深厚的专业素养。此外，写培训评论时，你不能被情绪左右，更不能被社会和组织的舆情裹挟，要有理有据，进行严谨的论证。

以上四个方面是对内训师而言适用性较广的写作类型。此外，我们还可以基于培训课题研究撰写专题文章、调研报告和文献综述。技术类的内训师还可以撰写具有本专业特色的文章。最好经过3~5年的写作沉淀，完成自己的培训著作的出版发行。

内训师写作要坚持一个总的原则，就是结合组织培训实际，以宏观叙事，从小处落笔，突出组织培训创新意义，通过写作促进自身专业素养的提高。

不管职场道路如何拥塞、组织人才怎么"内卷"，作为内训师的你，只要笔耕不辍、坚持写作，你的职业发展道路一定会越走越好，你的专业素养提升必然水到渠成。

参考书目及文献资料

① 刘振夏.企业培训与开发之培训需求分析［J］.北京：人力资源管理，2018，05.

② 唐京.基于胜任力的培训需求分析模式研究［D］.杭州：浙江大学，2001.

③ ［英］彭妮·哈克特（Penny Hackett）.培训实践［M］.陈菲，译.北京：国家行政学院出版社，2006.

④ 徐辉，季诚钧.大学教学概论［M］.杭州：浙江大学出版社，2004.

⑤ 吴莅芳，奥丽汗娜.以行动导向为主的高职课堂教学方法的改革［J］.北京：中国职业技术教育，2015，35.

⑥ ［英］彭妮·哈克特（Penny Hackett）.培训实践［M］.陈菲，译.北京：国家行政学院出版社，2006.

⑦ 谭志敏，郭亮.头脑风暴法在教学中的运用及其注意要点［J］.哈尔滨：继续教育研究，2007，05.

⑧ 张中荣.运用演示法 教学效果佳［J］.太原：山西成人教育，1994，10.

⑨ 潘先军.基于多模态与多元智能理论下的视听说教学［J］.北京：国际汉语教学研究，2019，01.

⑩ 李之松，邓鹏丽.基于角色扮演的模拟国际商务英语谈判成绩研究［J］.郑州：河南工程学院学报（社会科学版），2018，04.

⑪ 卓琳，唐诚焜.基于角色扮演的"服装市场营销"课程教学改革探究［J］.上海：纺织服装教育，2020，03.

⑫ 张丽华，余凯成.管理案例教学法［M］.大连：大连理工大学出版社，2000.

⑬ ［英］伊恩•麦吉尔（Lan McGill），利兹•贝蒂（Liz Beaty）.行动学习法［M］.中国高级人事管理官员培训中心，译.北京：华夏出版社，2002.

⑭ ［美］奥拉西奥•桑切斯（Horacio Sanchez）.教育变革：利用脑科学改善教学与校园文化［M］.任红瑚，叶川，译.上海：华东师范大学出版社，2020.

⑮ 黄伟.提问与对话：有效教学的入口与路径［M］.杭州：浙江大学出版社，2016.

⑯ 金荣华.论图书馆声像资料与声像技术在教学中的运用［J］.南宁：广西民族学院学报（哲学社会科学版），1998，03.

⑰ ［德］亚历山大•格罗斯（Alexander Groth）.360度领导力：中层领导者全方位领导力提升技巧［M］.贡晓丰，孔婧倩，译.北京：电子工业出版社，2011.

⑱ 杨义.中国叙事学［M］.北京：人民出版社，1997.